一生モノの株のトリセツ

相場師朗
SHIRO AIBA

宝島社

はじめに

この本を手にしたあなたは、まだ一度も株式投資をしたことはないけれど、「やるからには儲《もう》けたい！」と意気込んでいる初心者の方かもしれません。

「これまで株に投資してきたけれど、なかなか、うまくいかない」、中には「大損した」、「実は今も損切りできず塩漬けにしている株がある」といった人もいるでしょう。

そんな方々にまず宣言しておきます。

「相場師朗の株の世界へ、ようこそ。安心してください！　大丈夫です。この本を読んで練習を重ねれば、ある程度、株で利益を出すことができます」

「ある程度ってどの程度？」という質問には、こう答えるでしょう。

「相場師朗にとっての〝ある程度〟は、1億円以上！」

「株で1億円」といえば、はるか遠い目標に思えますが、フィギュアスケートの羽生結弦選手が4回転アクセルを決め続けること、錦織圭選手がテニスの四大大会で優勝することに比べれば簡単です。

株式市場でコンスタントに利益を上げ続ける「技術」をモノにできれば、死ぬまで稼ぎ続けることができます。

「株式市場が、いつでもお金が引き出し可能なATM代わりになる！」

なんて、素敵じゃありませんか？


では、どうやったら株で勝ち続けることができるのか？

本書では、私、相場師朗が35年の株式投資歴で築き上げた極意、エッセンス・オブ・エッセンス、エキス・オブ・エキスをあますことなくお伝えします。

ただし、そのためには、「毎日がこれ練習、練習、練習」「鍛錬、鍛錬、鍛錬」の日々を送ってもらう必要があります。

「なんだ、練習が必要なの？」と思われているあなた！

羽生結弦選手にフィギュアスケートのジャンプの仕方を〝言葉〟で教えてもらって、すぐに4回転ジャンプを跳べる人がいるでしょうか？

錦織圭選手に時速200キロのサーブをエアKで打ち返す方法を教えてもらって、たちまち、そのワザを身につけられる人がいるでしょうか?

頭でわかっていることと実際にできるかどうかは、まったくの別物です。

気持ちではわかっているけど、わかっている通りに体は動かない。

「わかっていること」と「できること」の差を埋めるには、やはり「練習」しかないのです。ちょうど寿司《すし》職人が修業して立派な寿司を握れるように、鍛錬に鍛錬を重ねて練習し続けて、初めて一人前の「株職人」になれるのです。

私がお教えできるのは、「株で常に利益を上げ続けるための方法」だけです。

「私の話を聞いただけで大金持ちになれます!」なんていったら、それはインチキか詐欺以外の何物でもありません。

世に溢《あふ》れている株の本や雑誌はみんな「この銘柄を買えば儲かる」、「この必勝法を使えば必ず儲かる」というものばかり。その銘柄の旬がすぎたり、その必勝法と株式市場の相性が悪くなると、たちまち通用しなくなります。

相場式は安易で付け焼刃《やきば》的な結果ではなく「練習法」にこだわります。

「株式投資がうまくなるのも損してしまうのも練習法次第」だからです。

下手な練習をいくら続けても、何事もうまくなりません。優れた師匠やコーチのもとでしっかりした練習を重ねることが株式投資上達の秘訣《ひけつ》なのです。

相場式の株価分析や売買術は非常に独特で、そんじょそこらの「株の教科書」には載っていません。ただし、その秘伝の練習法を使って練習し、鍛錬し、実践し、反省し、上手になろうと日々、努力すれば、その後、何度もコンスタントに成功できる「再現性」を手に入れることができます。

一度ならず二度、三度……いや、何度繰り返しても、株でお金を儲けることができる「再現性のある技術」を手に入れることができれば、もう怖いものはありません。

株で稼いだお金で楽しく、明るく、幸福な人生を送ることができるでしょう。

本書では、そんな「一生モノの株のトリセツ」を私、相場師朗が株への愛を込めて、お教えいたします！

平成29年9月吉日　　株職人　相場師朗

『一生モノの株のトリセツ』 CONTENTS

CONTENTS

『一生モノの株のトリセツ』CONTENTS

※本書で紹介しているデータや情報は特別な表記がない限り、2017年9月5日現在のものです。本書は株式投資に役立つ情報を掲載していますが、あらゆる意思決定、最終判断は、ご自身の責任において行われますようお願いいたします。ご自身の株式投資で損害が発生した場合、株式会社宝島社及び著者は一切、責任を負いません。また、本書の内容については正確を期すよう万全の努力を払っていますが、2017年9月5日以降に相場状況が大きく変化した場合、その変化は反映されていません。ご了承ください。

カバーデザイン／鈴木貴之
イラスト／西田ヒロコ
撮影／佐藤公治

第1章

キャベツの千切り1000回、株の練習は3000回

頭のいい人は絶対にうまくなれない！

世の中には、「株は怖い」「株は危ない」「凡人が株をやると必ず損する」というイメージが蔓延《まんえん》しています。

「株なんて運次第」「いくら努力してもなかなか儲からない」「株で1億円儲けられるのは天才だけ」と思われている方も多いでしょう。

普通の仕事や勉強の場合、一所懸命努力すれば、それなりの結果が得られます。

でも、株式投資は頭がよくて、高学歴で、高年収で、社会的な地位の高い人でも、それこそ〝イチコロ〟で簡単に負けてしまうこともある〝怖〜い〟世界です。

現在のパナソニックを創業した松下幸之助氏は、

「うちも会社が大きくなって、東大や京大や早稲田など、お勉強ができて、偏差値の高い学生さんが入ってくるようになって、非常に心配だ」

と語ったそうです。

なぜなら、「頭のいい人は、基本がわかると、すぐにすべてがわかった気になって、練習や鍛錬を行わなくなってしまう。そして実際に本番になってやってみると、まったく何もできない」ことが多いから、とのこと。

株式投資はまさにそういった世界。

頭がいい人、いや、自分のことを「頭がいい」と思い込んでいる人は絶対にうまくなれません！

株式投資というのは、頭がよくて知識があれば自然と成果が上がる大学受験や、会社での立身出世とは違う世界なのです。

じゃあ、どんな世界かというと、寿司職人が寿司をうまく握れるように師匠から学ぶとか、プロ野球選手が監督やコーチについて日々、技術に磨きをかけるとか、そういった「職人の世界」なのです。

35年間、株の世界で試行錯誤を続けてきた私の持論は、「株は技術だ！」です。

株の世界は、知識や理屈ではなく、「ワザ」や「技術」が一番モノをいいます。そのためにはとにかく「練習、練習、練習」「鍛錬、鍛錬、鍛錬」以外にないのです。

株式投資はキャベツの千切りと同じ

私はよくセミナーで「キャベツの千切り」の話をします。

自分自身、キャベツの千切りが大の苦手なのですが、もし「キャベツの千切り」学校があって、キャベツの千切りが上手にできるようになるまで帰れない、ということになったら、みなさん、きっと一所懸命、キャベツの千切りをやると思います。

頭の中で、キャベツの千切りがどうのこうの考えるのではなく、500個、1000個、実際にキャベツを千切りすれば、この本を読んでいる方全員、キャベツの千切りが上手になるでしょう。つまり、技術を身につけて職人になるためには、とにかく「実戦あるのみ」なのです。

「硬派になれ！　勤勉であれ！」というのが相場師朗のモットー。

朝起きたら、もう株価の動きを示した「チャート」を見て値動きのパターンを分析している。トイレにも（!?）パソコンを持って入って、ずっと出てこないと思ったらチャートを見て勉強している。

ご飯を食べるときも、お風呂に入っていても、夜寝る前にも、ひたすらキャベツの千切り……いや株の値動きをチャートで分析し続けて、家族から「変態かっ！」と思われるぐらい研究に研究を重ねたからこそ、相場師朗は今、資産数十億円を動かす株式トレーダーになることができたのです。

プロは「広く浅く」ではなく「狭く深く」考える

練習を重ね、我慢と努力で、株式投資のノウハウを体にしみこませるためには、
①たくさんの量をこなす
②深く考える
③工夫してみる
というステップがとても大切です。
まずはチャートをとにかくたくさん見て、「このときはこうなったんだ」と過去のパ

ターンを徹底的に頭の中に叩《たた》き込みます。

すると、「あれ、この値動きのパターンはほかにもいっぱい出てくるぞ！」といった「発見」が生まれます。

発見したことを深く考えていくと、「だったら、こうやれば利益を上げられる」、「この局面になれば勝率も高そうだから、その局面になる直前の値動きを探そう」といった「工夫」につながります。

本物のプロや名人、匠《たくみ》と呼ばれるような職人を目指すには、狭い範囲を深く研究していくことも大切です。ノーベル賞の学者さんもそうですが、その道のプロになるためには「狭く深く」を心がける必要があります。

つまり、株式投資でもいろんなことに満遍なくトライするのではなく、「ひとつ」のことだけを延々とやって、突きつめるべきなのです。

初めは当然、慣れないからうまくできませんが、ひとつのことを何千、何万回と繰り返し行えば、どんどんうまくなっていきます。

べろんべろんに酔っぱらったときでも、お父さんは家に帰ってきます。それはすでに何千回も家に帰ってくる〝練習〟をしていたからです。

また、職人には優れた「道具」が必要ですが、道具をたくさん持っているからといって、いい職人であるとは限りません。

まるで体の一部のように道具をうまく使いこなすためには、道具の数は少ないほうがいいに決まっています。それは株式投資でも同じです。

「包丁一本〜♪」という歌があるように、私が株式投資で使う道具は、「ローソク足チャートと移動平均線」だけ。

「えっ、それだけでいいの？」とみなさんが驚くほど単純です。

相場'sまとめ

株式投資において頭でっかちは最悪。万能型である必要なし。道具はひとつで、深く狭く掘り下げましょう。

株の専門家の推奨銘柄なんか要らない

この世の中には数えきれないぐらいの株式評論家や投資顧問が活動していますが、彼らは「こうすれば儲かる」「この銘柄は絶対上がる」と〝言葉〟では教えてくれても、じゃあ、どうやって儲け続ければいいかという〝株の練習法〟までは教えてくれません。

この世に100％確実に上がる株も、永遠に上がり続ける銘柄もありません。

にもかかわらず、雑誌やインターネットでは株の〝専門家〟と称する人がバカ高い投資顧問料をとって、推奨銘柄を教えたりしています。

でも、その銘柄推奨は当たるも八卦《はっけ》、当たらぬも八卦で、まったく頼りになりませんし、たとえその銘柄で一時稼げても、次にどうなるかは風まかせ。せっかく高い投資顧問料を払ったのに、推奨銘柄を買って、それ以上に大損してしまったという〝悲劇〟が繰り返されています。

つまり「この銘柄は上がる」という一度きりの〝予言〟や〝デマ〟のたぐいではなく、「どんな銘柄のどんな値動きでも稼げる!」という「再現性のある技術」をともなった投資法でないと、〝まとも〟とはいえないのです。

世の中には過去に株で成功した人の「必勝法」や「成功法」も溢れかえっています。仮に「100%確実に儲かる必勝法」があったとしましょう。当然、すべての投資家はその必勝法のマネをして儲けようとするので、その必勝法自体がどんどん陳腐なものになって、通用しなくなります。

株式相場は生き物です。ある上げ相場の一局面で「必勝法」といわれた手法も、下げ相場になれば必ず損してしまう「必敗法」に早変わり。つまり、「どんな相場でも稼げる」ものでないと、立派な投資法とはいえません。

相場式練習法のキーワードは「3000回」

世の中がどんな状況になっても、株式市場が閉鎖されることはまずありません。

そう考えると、「どんな相場のどの銘柄でも稼げるようになる技術」こそが、株式投資で一番求められる、それこそ一生モノの〝トリセツ〟になります。

若くてまだ貯金が少ししかなくても株式投資で資産形成できる、年金収入しかない高齢者の方でもいざというときは株の売買で年金＋αの収入を確保できる――そんな技術が身につけば、もうウン十年もゼロ金利時代が続く日本でも、自分の身を自分で守ることができます。「株式投資は大学受験や会社の立身出世のときのような努力が報われない世界」といいましたが、それは「努力や鍛錬がまったく役に立たない世界」ということではありません。株の世界に、推奨銘柄や必勝法といった〝間違った努力〟がはびこりすぎていることが問題なのです。

「株でお金を稼ぐのは確かに楽なことではない。でもどんな人でも練習さえ積めば着実に稼げるようになる。努力すれば報われるのが株式投資の世界」

そのようにみなさんに思ってもらえて、実際に多くの人が結果を残せるようになること――そのために私、相場師朗の株式投資法はあります。

まずは、相場式株式投資練習法の最初のキーワードを紹介しましょう。それは、「3000回！」です。

1日1分、100銘柄を目指そう

「？？？？」と疑問に思われる方が大半でしょう。

「3000回」とは、さまざまな銘柄の過去の値動きを少なくとも3000回は見ろ！ということです。

たとえば過去10年分の値動きを示したチャートを毎日100銘柄・1分間ずつ見れば、毎日、10年×100銘柄でなんと「のべ1000年分」の値動きを概観することができます。1カ月30日続ければ、100銘柄×30日で3000銘柄、のべ3万年！

もう、縄文時代、いや、まだ日本にマンモスがいた頃までさかのぼれます！

これが「3000回」の意味です。

確かにキャベツの千切り1000回に比べると、3000回は多いのですが、10年間のチャートを端から端まで、まずはサーッと見るだけですからそれほどの労力はかかりません。

狙うは出来高200万株以上の大型株

職人に必要なのは「過去の経験」です。

最近、将棋の世界では14歳の棋士・藤井聡太四段が歴代トップの29連勝を飾り、一躍、時の人になりました。すばらしいですね。将棋の世界もまた、相場師朗が大好きな「職人の世界」です。彼らは過去に戦われた対戦の「棋譜《きふ》」を見て、技術を磨いています。

株式投資にとっての「棋譜」にあたるのが、過去の株価チャートです。誰でも見ることができて、最近の株価チャートは本当に投資家のことをよく考えたものが増えています。

もしもそのチャートを持って、タイムマシーンで過去にさかのぼることができれば、「答え」がすでにわかっているわけですから、1億円どころか1兆円儲けても不思議ではありません。

タイムマシーンは、まだ世の中に存在しませんが、過去のチャートという〝宝のカギ〟を活用しない手はありません。

なぜなら、その中に出てくるさまざまな値動きパターンと似た形が今後も登場し、私たち投資家を儲けさせてくれるに違いないからです。

では、どんな銘柄のチャートを3000回、見ればいいのでしょうか。練習用に向いたチャートとはどんなものでしょうか?

相場式株式投資法は「どんな相場、どんな銘柄でも儲かる」ことを目指していますが、株価の値動きで儲けるための大前提として、数多くの投資家が買ったり売ったりしている必要があります。

売買があまり成立せず値動きが乏しかったり、いきなり急騰したかと思ったら大暴落してしまうなど、値動きが不規則な銘柄では、「再現性のある(ずっと同じことができる)取引」ができません。

そのため、相場式トレードで狙う銘柄には一応、〝基準〟を設けています。その基準とは、「時価総額が5000億円以上あって、1日の出来高が200万株以上ある株」

というものです。

「時価総額」というのは「株価×発行済み株式数」で計算します。発行済み株式をすべて買い占めればその会社を丸ごと買えることになりますから、時価総額はまさに「会社のお値段」といえます。

時価総額が小さすぎると、少額の取引でも株価の動きが激しくなります。時価総額がある程度の規模だと、多少の取引では株価は乱降下せず、安定しているので取引しやすくなります。

「出来高」というのは、その株が市場でどれくらい売買されたか、どれくらい取引が成立したか、といった取引量を示す数字です。多くの投資家がたくさん取引している株のほうが売買注文も成立しやすいので、いつでも自由に取引することができ、市場の総意が反映されやすくなります。

株式投資は値動きがすべて。値動きが安定していて、過去の値動きの結果から未来の動きを予想しやすい銘柄を選んで取引することが、コンスタントに株式市場で利益を上げるための絶対条件といえるのです。

JPX400銘柄が相場式のメインターゲット

時価総額5000億円以上の銘柄は今、株式市場に250銘柄以上あります。株式市場があまり盛り上がっていない時期でも、出来高が1日200万株以上の銘柄は200銘柄前後、あります。

中でも「日経平均株価」や「JPX400（正式名称：JPX日経インデックス400）」といった株式指数の組み入れ銘柄なら、たえず取引が行われているので、株価の流れも読みやすくなります。

「日経平均株価」は、日本経済新聞社が日本を代表する225銘柄を選んで、その日々の株価の動きを指数化したものです。日頃のニュースなどでもおなじみですのでご存じの方も多いのではないでしょうか。

「JPX400」は2014年から公表されるようになった新しい株価指数で、時価総額や営業利益の伸び、株主が投資したお金をうまく利用していかに多くの利益を稼いでいるか、などを基準に選んだ優良企業400社の株価を指数化したものです。新しい指数ながら、年金や機関投資家など運用のプロにも認められています。

業績好調で財務体質も良好な会社が採用されているので、私はこのJPX400を日経225以上に重要視して、毎日監視しています。

そして、株価に値動きが生まれて「これぞ買い時！　これぞ売り時！」というシグナルが出た銘柄を10銘柄ほど集中的に監視。その中の4〜5銘柄に日々、数十万株投資して、着々と儲けています。

JPX400採用銘柄は教科書通りの値動きをしやすいので、〝相場式3000回練習法〟の成果を活かしやすいのです。

これから少なくとも2020年の東京オリンピックまでは使える100銘柄を232ページ以降に掲載します。まずは取り上げた100銘柄のチャートを毎日見て、値動きのパターンや周期性、クセを頭に叩き込んでください。

自分が名前を知っている企業の株価チャートだけをチェックしたり、投資金額が低くて買いやすそうな銘柄を中心に見るなど、練習用銘柄の選び方は自由です！

ワクワクしながらチャートを見ることが大切

どのように見るかは第2章以降で解説しますが、基本は、一日の値動きがローソク足一本分の「日足《ひあし》のローソク足チャート」に5日移動平均線、20日移動平均線、60日移動平均線の三本の移動平均線を表示して見るようにしてください（通常は5日、25日、75日なので設定を変える必要あり）。

チャートにはほかにもローソク足一本分が一週間の「週足《しゅうあし》チャート」やローソク足一本分が一カ月の「月足《つきあし》チャート」もありますが、当面は日足チャートだけで十分（これだけでもかなりの練習量になりますので……）。

その際、とても重要なことがあります。それは「次はどうなるか？　この次はどうなるのか？」とチャートを楽しんで見ることです。イヤイヤ見ていてはまったく意味がありません。

過去のチャート上のある一点から見れば、その先に起こったことも、その時点では

〝未来〟です。過去の〝ある時点〟にタイムマシーンで戻ったつもりになって、「ここから先、相場はどうなるんだろう?」と自分なりに展開を予想しながら観察してください。チャートを驚きと好奇心の目で見ることが大切なのです。

この練習を繰り返し行えば、「株価がこの移動平均線を越えた!」、「短期の移動平均線と長期の移動平均線の並びと傾きがこう変わった!」ということだけで今後、株価がどう動くか、自然とわかるようになります。

頭の中に、値動きのパターンをいくつ叩き込めるかが決め手になるのです。

相場'sまとめ
相場式のターゲットは出来高が多く頻繁に売買されている株。JPX400採用銘柄がメインターゲット!

第2章

ローソク足チャートは煩悩のかたまり

一粒（足）で四度もおいしいローソク足

この本の目的は、株について右も左もわからない初心者の方でも、ATM代わりに株式市場から自由にお金を引き出すことができるための「ワザ」をお教えすることです。そのための第一歩といえるのが「ローソク足チャート」の見方になるでしょう。

ローソク足は、株価の値動きを示すために考案されたグラフで、単純な折れ線グラフではわからない値動きの勢いやスピードが一目でわかる仕組みになっています。

株価のように、「よーい、スタート！」と取引が始まって（「寄り付き」といいます）、一定の期間、取引が続き（株式市場が動いている時間帯のことを「ザラ場」といいます）、最後に「はい、おしまい！」で取引が終わる（「大引け」といいます）ような値動きの場合、まず、

- 取引が開始したときの価格
- 取引が終了したときの価格

ローソク足の陽《よう》線《せん》と陰《いん》線《せん》

その日（または週、月）の **終値が始値より高い**ときは	その日（または週、月）の **終値が始値より低い**ときは
陽線	**陰線**

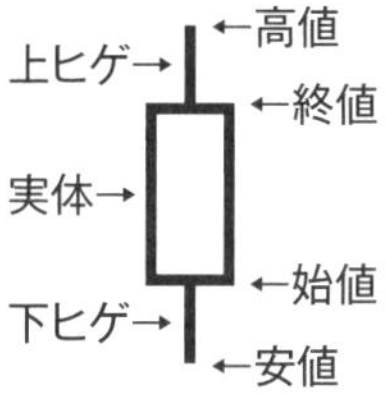

高値
上ヒゲ
終値
実体
始値
下ヒゲ
安値

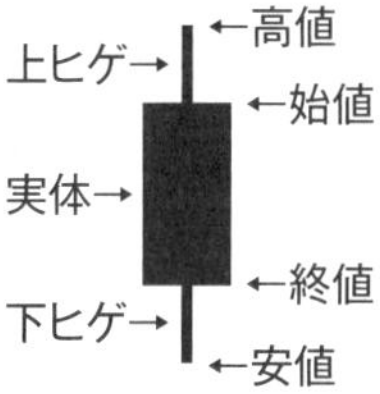

高値
上ヒゲ
始値
実体
終値
下ヒゲ
安値

が生まれます。初めて取引されたときの価格は「始値《はじめね》」、取引が終了する時点の価格は「終値《おわりね》」と呼ばれます。

ローソク足には実体が白い「陽線《ようせん》」と黒い「陰線《いんせん》」がありますが、その期間中に株価が上がったとき、つまり始値に比べて終値が高い場合は「陽線」で示します。反対に期間中に株価が下がって始値が終値より高いときは「陰線」で示します。

ローソク足の色を見るだけで、期間中に上昇したか下落したかが一目瞭然でわかる仕組みになっているのです。

ローソク足には、この始値と終値が上辺と下辺になる四角いローソク（実体部分）の上と下に、二本の細い棒が突き出しています。

これは「ヒゲ」と呼ばれ、上にある「上ヒゲ」のてっぺんはその期間中の高値を、「下ヒゲ」の先端はその期間中の安値を示しています。

一粒（足）で四度もおいしいのがローソク足です。

ぱっと見るだけで、①その期間中の株価がどこで始まって、②どこまで上昇し、③その後どこまで下落して、④最後にいくらで終わったかという値動きの流れが一瞬にしてわかるなんて、本当においしい！

展覧会の絵を鑑賞するようにローソク足を見て、その姿や形に感動してほれぼれするぐらいまで、ローソク足のことを好きになりましょう。

私、相場師朗は別に宗教家でもなんでもありませんが、

「ローソク足は煩悩のかたまりである」

と常々思っています。その形をセクシーだと感じたり、ときにエロティックな想像をしてしまうぐらいに感性を磨いています。

中でも、取引開始から一直線で上昇したときに出る「大陽線」、取引開始後にいっき

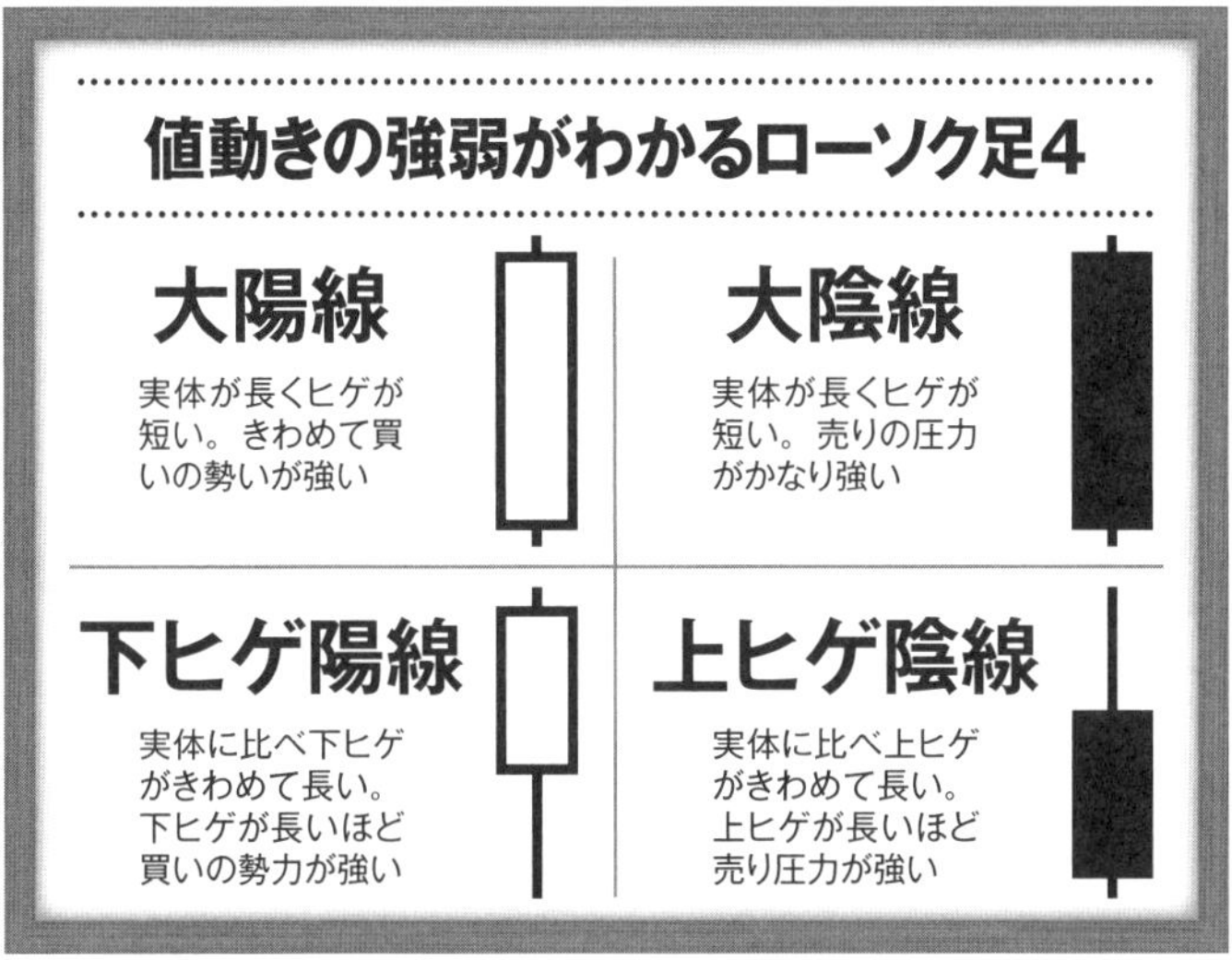
値動きの強弱がわかるローソク足4
大陽線
実体が長くヒゲが短い。きわめて買いの勢いが強い
大陰線
実体が長くヒゲが短い。売りの圧力がかなり強い
下ヒゲ陽線
実体に比べ下ヒゲがきわめて長い。下ヒゲが長いほど買いの勢力が強い
上ヒゲ陰線
実体に比べ上ヒゲがきわめて長い。上ヒゲが長いほど売り圧力が強い

に暴落する「大陰線」はめらめらと燃え上がる煩悩そのもの。株価が一方向に動き出す号砲になることも、稼ぎ時中の稼ぎ時になります。

また、「上ヒゲの長い陰線（上ヒゲ陰線）」が天井圏で出た形は、高値まで頑張って上昇したものの力なく失速してしまったことを示し、相場下落の前兆になります。反対に「下ヒゲが長い陽線（下ヒゲ陽線）」は、大きく下落したものの、下げ止まって大きく反発した形。相場の大底圏に出たときは、反転上昇のシグナルになります。

とにかく、日々つくられるローソク足

の形から値動きの強弱を感じとって、株価の流れを読み、買いや売りを仕掛けていくのが株取引の基本です。

ただし、ローソク足自体は非常に気まぐれで、陰線と陽線が交互に出現して「いったい上か下かどっちなんだ！」とはっきりしなかったり、ときに暴れ馬のように、ときにヒステリックに、ときにミステリアスに表情が変化します。

その暴れ馬をうまく乗りこなして、買いなら陽線、売りなら陰線を次々とモノにしていくことが株式投資のミッションになるのです。

ローソク足の値動きにストーリーをつける

まずはさまざまなチャートを見て、ローソク足の微妙なニュアンスの変化や強弱、勢いから、値動きをストーリー立てて理解することが大切です。

絶対にやってはいけないのは「ニュースを参考にすること」。「評論家や批評家には決してなるな！」というのが相場道場の教えです。

ローソク足チャート上で株価が大きく動くと、新聞やインターネットの情報端末では、「米国の雇用統計がよかったから日経平均株価は上昇した」といったニュースが山のように流れてきます。

「できることなら、そのニュースを前の日のうちに教えてほしかった」というのが株式投資をする人の素朴な感想といえるでしょう。

たとえば、ある企業が目の覚めるようなすばらしい好決算を発表しても、その企業の株価は上がることもあれば、下がることもあります。

ニュースではその値動きを「増益サプライズで急騰！」といってみたり、「好業績への期待感から買われていたこともあり、材料出尽くしで暴落！」と報じたりしますが、完全な後講釈ですよね。株価は毎日、上がったり下がったりしていますが、そのたびに会社の業績が上がったり下がったりしていますか？

最近は人工知能が発達して、将棋や囲碁の名人もかなわないほど進化を遂げましたが、まだまだ、どんなに優れた人工知能を使って外部の経済状況やその会社の業績情報をインプットしても株価を正確に予測することはできないでしょう。

値動きがすべて。買う人が多ければ株は上がる

株価の値動きを正確に予想することができないのはなぜか？

株価というのは、買う人がいれば上がり、売る人がいれば下がる、つまり人間の感情や欲望や損得勘定という〝煩悩〟で動いているからです。

いくら業績のいい会社の株でも、その株を持っている投資家が急に現金が必要になって大量に売れば暴落することもあります。

反対に業績がめちゃくちゃ悪い会社でも、「今後、これ以上は悪くならないだろう」と考えた強気の投資家が出現してその株を買い上げれば、ストップ高を連発することもあります。株価は、〝人間サマの欲望や感情〟で動くもの。死ぬほど計算が得意な人工知能をもってしても、まだまだ予測不可能なのは当たり前です。

たとえば、ヤフーの株がこれからどうなるかを予測するのに、ヤフーの決算書なんか見る必要はありません。見るべきなのは株価の値動きだけでいいのです。

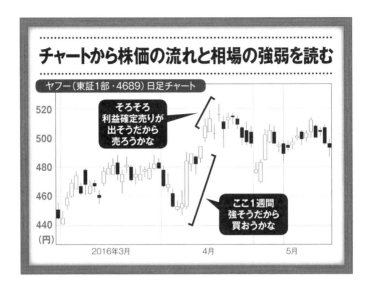

チャートから株価の流れと相場の強弱を読む

ここ1週間、ヤフーの株価が上昇していれば、「買いの勢いが強そうだから、買いで勝負だな」。さらに上昇が続けば、「そろそろ下値で買った投資家が利益を確定する頃だから株価は一時的に下がりそうだ……売り注文を出そうかな」というように、投資家心理を読むことが一番大切です。

株価の裏でうごめく買い手と売り手の力関係を投資用語では「需給《じゅきゅう》」と呼びますが、株価が動くのは100%需給によるものです。

買いたい人が多いから上がる。そこへ売りたい人が出てきたから、もみ合いになる。売る人のほうが買う人より増えてきたから下がる。ただこれだけの話で、とてもシンプルなのです。

とにかく、業績は考えない、為替は考えない、経済環境は考えない。

ひたすらチャートだけを見て株の取引をしてください。

いい職人はいい道具を持っています。しかも、いい職人になるほど道具の数は少なく、たったひとつの道具だけでも神業のような結果を生み出すことができるのです。チャートを信じてください。これまでの値動きに学び、売買の精度を高めることが成功への最短コースです。

相場'sまとめ
経済指標も評論家のコメントも一切、無視。相場式はチャート上の値動きだけを突きつめて一生稼ぎます。

第3章

戦うための武器は移動平均線だけでいい

道具は移動平均線だけでいい

「いい道具がないと、いい仕事もできない」――これは真理です。

株式投資のプロである私、相場師朗が手ごわい強敵である株式市場と戦うときに持つ「武器」、つまり「道具」は「移動平均線」だけ。

移動平均線を使った相場予測――これこそが相場式トレードの真髄なのです。

まずは初心者の方のために、移動平均線の仕組みを紹介しましょう。

移動平均線とは、「平均」という言葉でもわかるように、日々、値動きする株価の平均値をとって結んでいった線のことです。

平均値という以上、移動平均線には平均値をとるための「期間」が必要になります。

たとえば、相場式株式投資法で耳にタコができるくらい聞くことになる「5日移動平均線」というのは、過去5日間の株価の平均値を示しています。

移動平均線を算出するための株価は、ローソク足の4つの情報の中で、始値や高値、

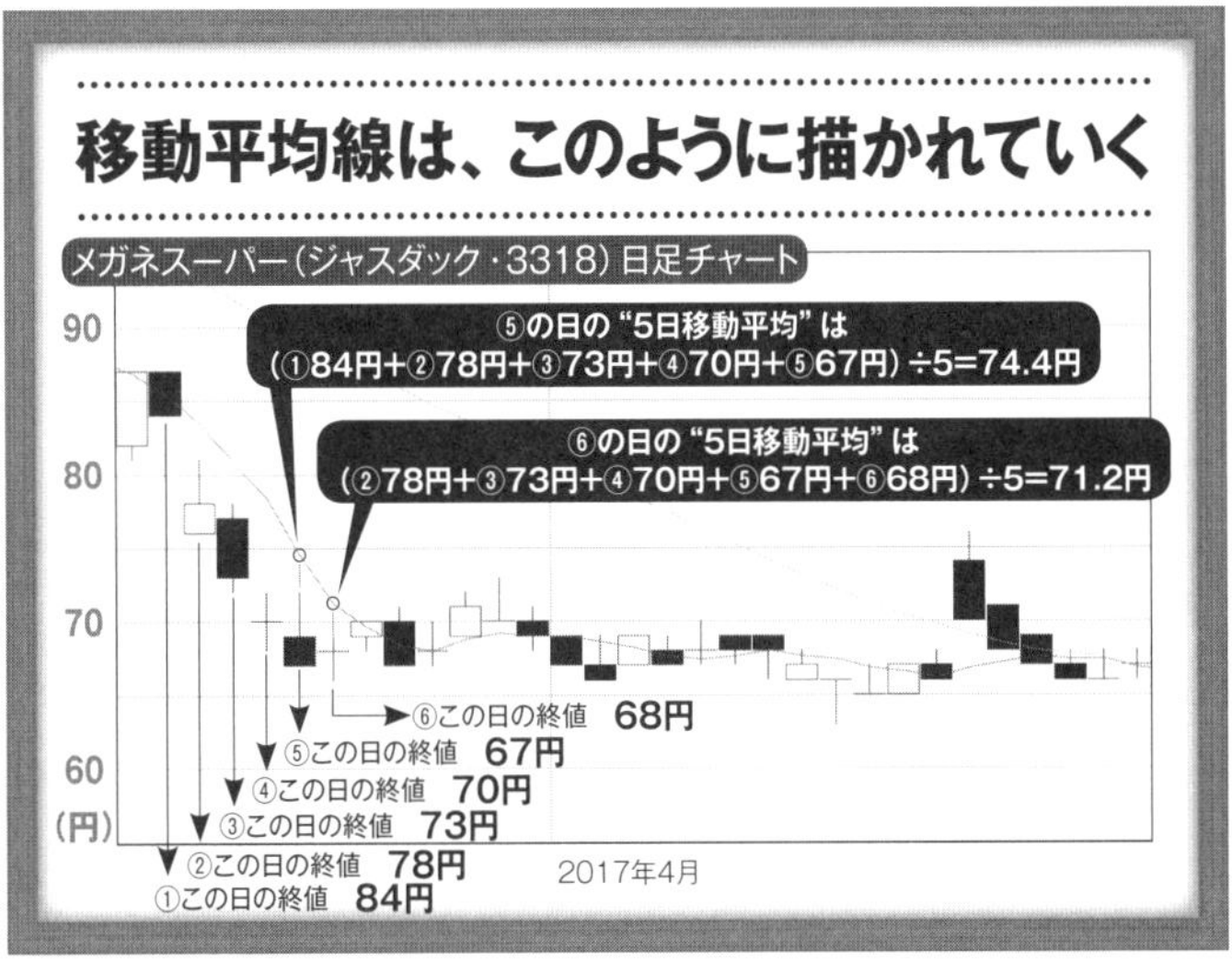

安値は無視して、その日の終値だけを使います。

　5日移動平均線であれば、4日前の終値+3日前の終値+2日前の終値+1日前の終値+当日の終値という5つの株価を足したうえで期間数の5で割ったものが、当日の5日移動平均になります。翌日の5日移動平均は、4日前の終値を排除して、その代わりに新たに生まれた当日の終値を加えたものを5で割って計算します。

　こうして毎日、5日移動平均を計算していき、その線を結んだものが5日移動平均線になるのです。

移動平均線は5日だけでなく、もう少し長い期間で計算した線もありますが、相場式では頻繁に5日移動平均線と20日移動平均線を組み合わせて使います（詳細は第4章で解説します）。

移動平均線の最大の長所は、暴れ馬のように、煩悩のおもむくままに、激しく値動きしていたローソク足の動きを一本のシンプルな線にまとめられる点にあります。

つまり、ひとつひとつ見ると、上がったり下がったり、めまぐるしく動いていたローソク足の値動きを〝抽象化〟するのが移動平均線の役割です。

一見、てんでんばらばらなように見えた株価の動きから、〝エキス〟や〝エッセンス〟だけを抜き出したものが移動平均線といってもいいでしょう。

移動平均線を見れば、株価の値動きにいちいち惑わされることがなくなります。

具体例を見てみましょう。図3－1はある銘柄の値動きに5日移動平均線と20日移動平均線を加えたものです。

ローソク足を見ると、大陰線が頻繁に出現して激しく上がったり下がったりしている様子がわかります。よく見ると画面左側の①のゾーンで乱高下しながら横ばいに推

図3−1 **暴れ馬と化したローソク足チャートの例**

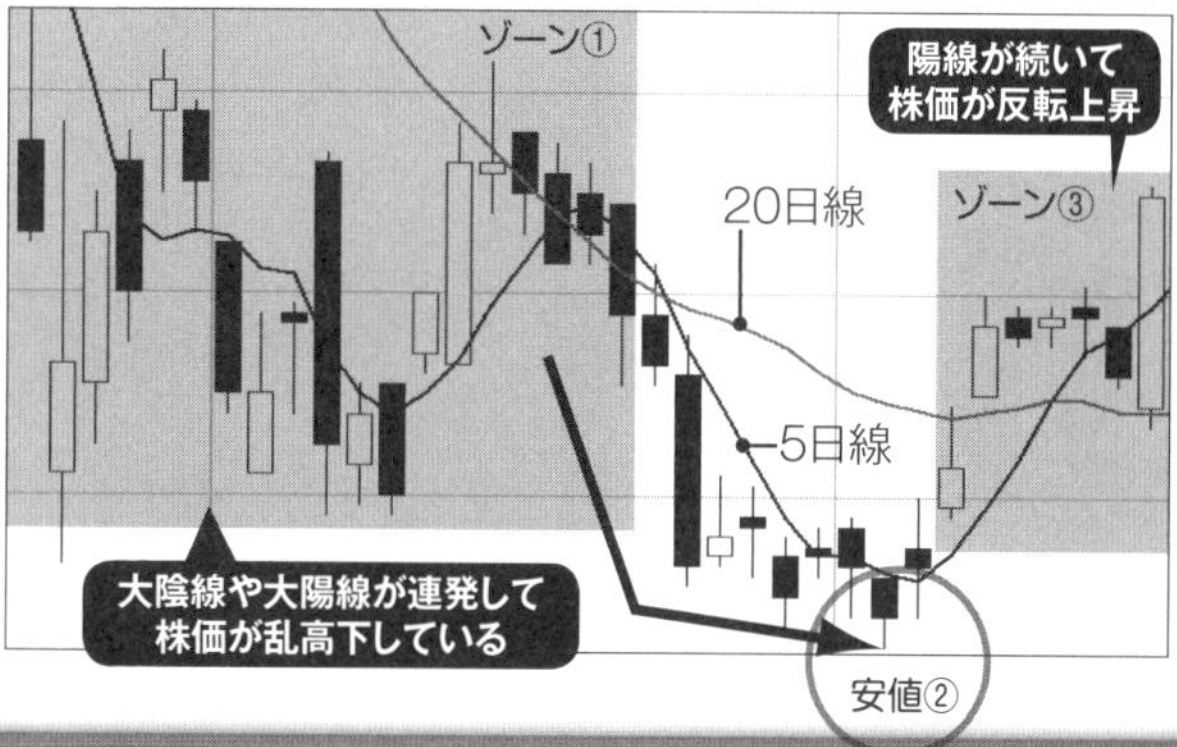
ゾーン①
陽線が続いて
株価が反転上昇
20日線
ゾーン③
5日線
大陰線や大陽線が連発して
株価が乱高下している
安値②

移したあと、②の安値まで下げたものの、そこから画面右の③のゾーンでは陽線が続いて上昇含みになっています。

ただ、ぱっと見ただけでは、値動きが激しすぎて、まさに暴れ馬状態。なにがなんだかわからないというのが素朴な感想ではないでしょうか。

「ローソク足だけを見ていると上がっているんだろうけど、その間も乱高下していて、方向性がつかみにくい」というわかりにくい値動きです。

そこで、ローソク足を消してみて、5日移動平均線と20日移動平均線だけを表示してみましょう（図3－2参照。これ以降「○○日移動平均線」は「○○日線」と略して表記します）。

図３-２では５日線が急落していったん反発したものの20日線にぶつかって、再び下落。その後、反転上昇して20日線を越え、上昇しています。

ローソク足を消すことで、ドローンのように高見から一望するように値動きの全体像を見渡せる――これこそが移動平均線の〝俯瞰力《ふかん》〟です。

ローソク足の値動きに惑わされることなく、移動平均線だけ見ていれば、図３-２下段のチャートに示したように、①のゾーンは株価がずっと下がっているから売り継続となります。

②のゾーンはいったん上がったあと、20日線に阻まれて再び下落し始めたので、信用取引もしている方なら新規に売りを追加してもよさそうですね。

③のゾーンで５日線が上向きに転じ、その上に陽線が出たあたりで買ってもいいんじゃないか、というように売買判断をすることができます。

これぞ「忍法・ローソク足隠しの術」（今、名づけました）！

移動平均線という武器を使った相場式株式投資術の一端です。

図3-2 **忍法・ローソク足隠しの術とは?**

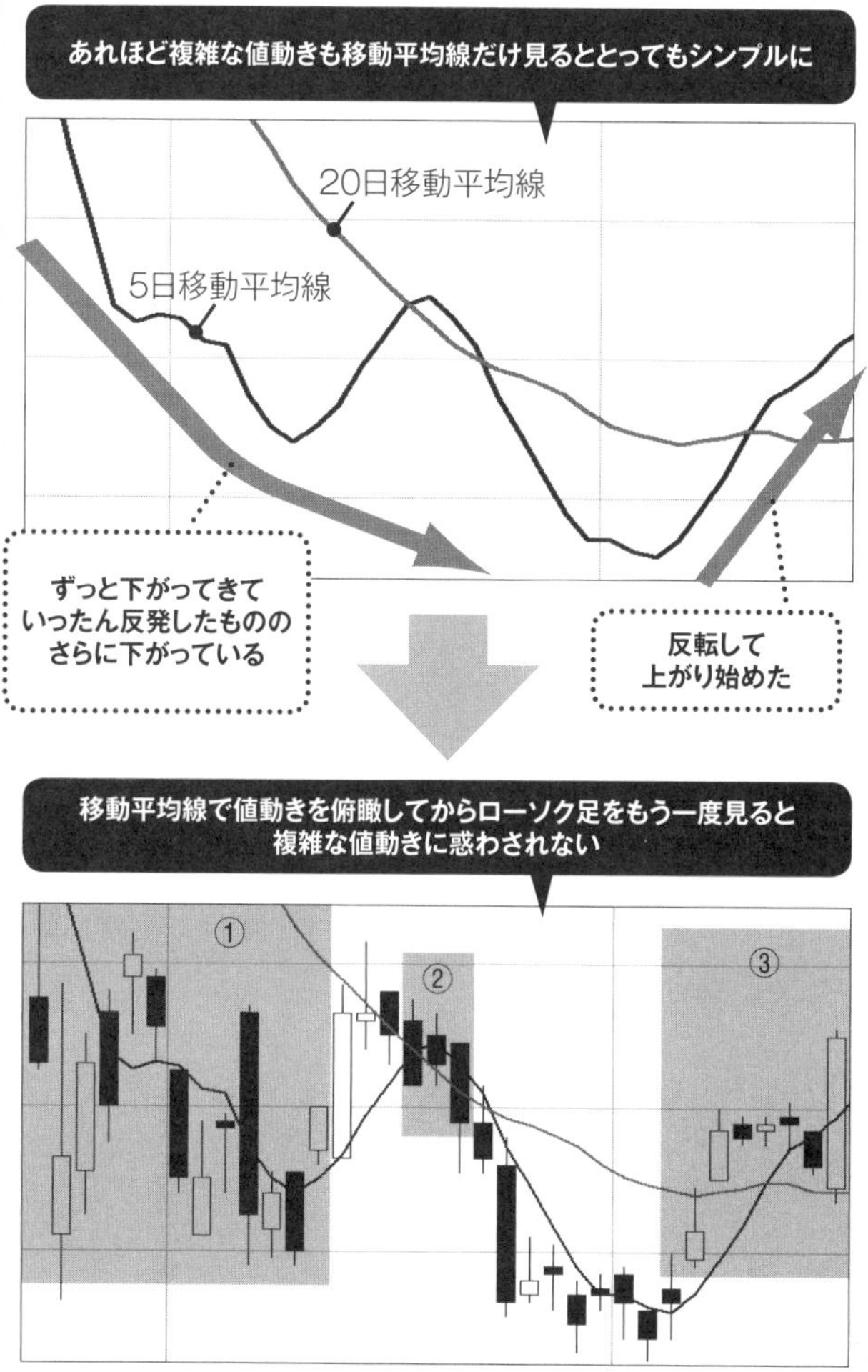

株価の流れを読むために必要なこと

移動平均線を使った相場式分析法や売買シグナルは第4〜5章で後述しますが、もう少しチャートを見る練習の流れを説明しましょう。

練習には、ローソク足チャートと移動平均線の両方を使います。

まずは、第1章でも書きましたが、何千、何万というチャートを見ることが大切です。メインとなる練習法はチャートの一番右側、すなわち、その期間の最先端までを表示して、「次の日の値動き（ローソク足）がどうなるか？」を予想していくことです。

その際、「道具」に使うのは、株価に沿って動く5日線や20日線の並びや傾き、株価との位置関係です。

たとえば図3－3の一番左の時点で、株価は5日線を越えて上昇していますが、20日線まで上昇したあと失速。横ばいの5日線を陰線で割り込んでいます。

さて、次はどうなるでしょう？　図3－3の真ん中の時点で①のローソク足が出て、

図3-3 紙芝居のように未来を予想する練習法

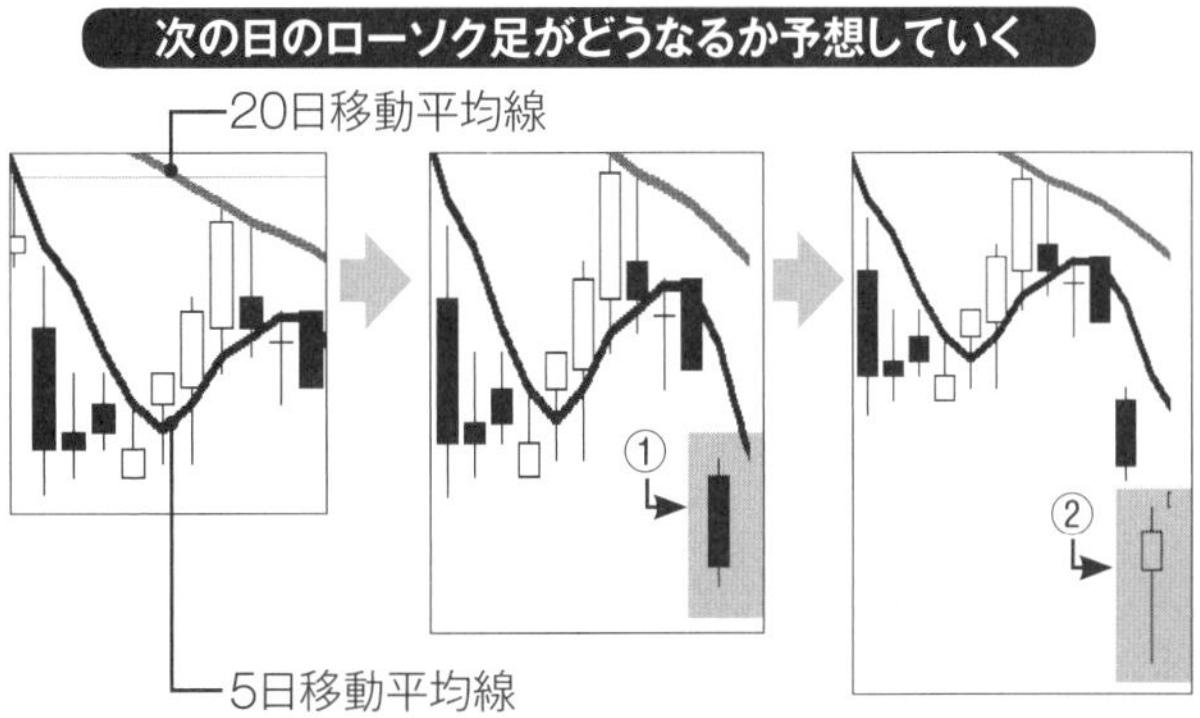

株価は大きく下落。「やっぱり、下向きの20日線にぶつかって株価が下がってくると、そのまま下げ続けるんだな」というのが模範的な感想です。

では、次の日は？　第一感としては「①が大陰線なのでまだ下げの勢いが強そう、つまり、下げそう」といったところ。図3-3の一番右の時点では案の定、①から大きな空白をあけて（これを「窓」といいます）、下落。でも②のローソク足は上昇トレンドに転換しそうな非常に下ヒゲの長い陽線です。これは「ひょっとして……」とワクワクしながら予想したうえで、次の日のローソク足を見ていく――

その繰り返しが「相場式紙芝居型未来予想法」なのです。

このように、ローソク足と移動平均線の変化をもとに過去の値動きをストーリーづけて予想していくことを、私は「リーディング」と呼んでいます。

「次の日は?」「また次の日は?」と紙芝居を徐々にめくるように、過去から未来に向かってチャートをスライドさせていく「リーディング」を何度も繰り返すことが、株価を予想する技術向上の一番の近道です。

いきなり予想するのが難しい、と感じた人は、まずローソク足を表示したうえで全体の株価の流れを〝追体験〟してみてください。そのあと、今度は過去のある地点まで戻って、そこから株価チャートを一日ずつスクロールしていきます。そして、まだ見えていない部分の値動きやローソク足の形状を予想していくのです。

「ここまではローソク足がこういう状態で、移動平均線の向きや位置はこうだから、今後は上がりそうだ(もしくは下がりそうだ)。うん、それとも横ばいで推移してしまうのか?」などとあれこれ考えて、紙芝居の先にある〝隠れた未来〟を一所懸命、想像しましょう。

“隠れた未来”をリーディングする練習

紙芝居型値動き予測！

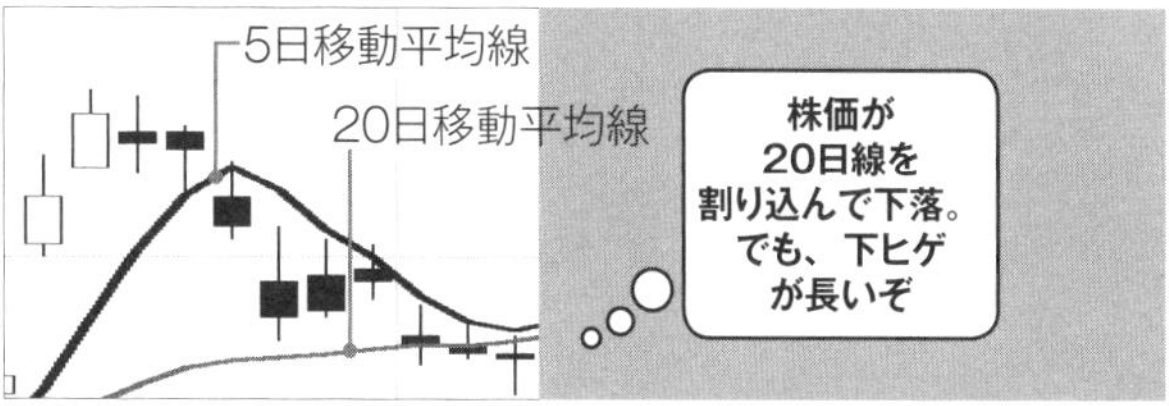

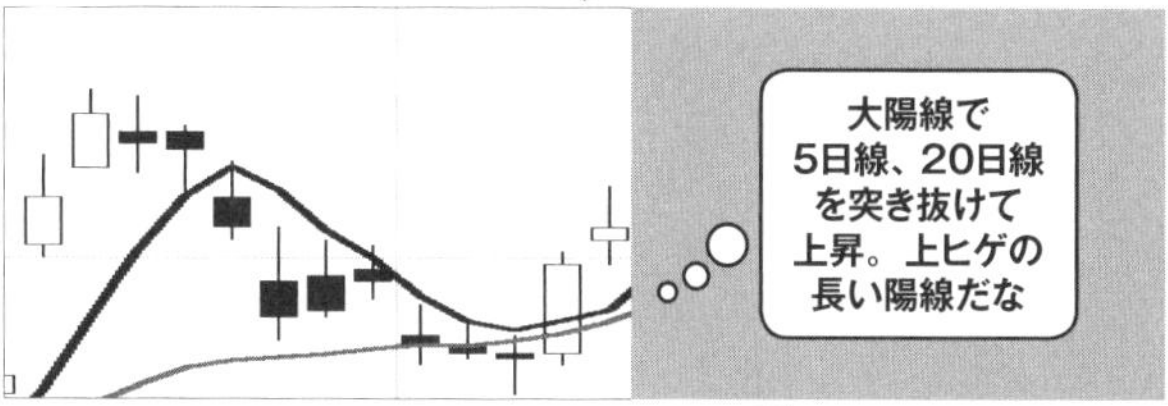

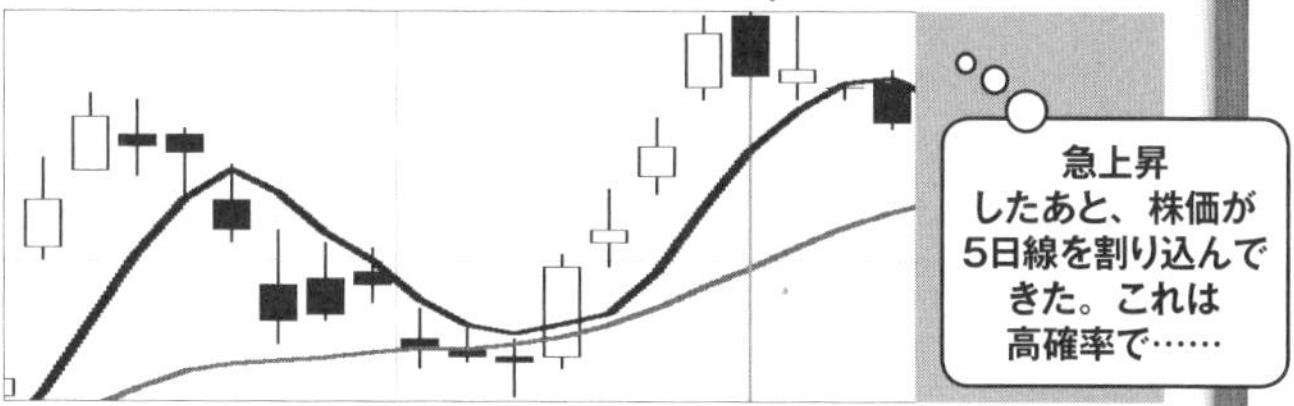

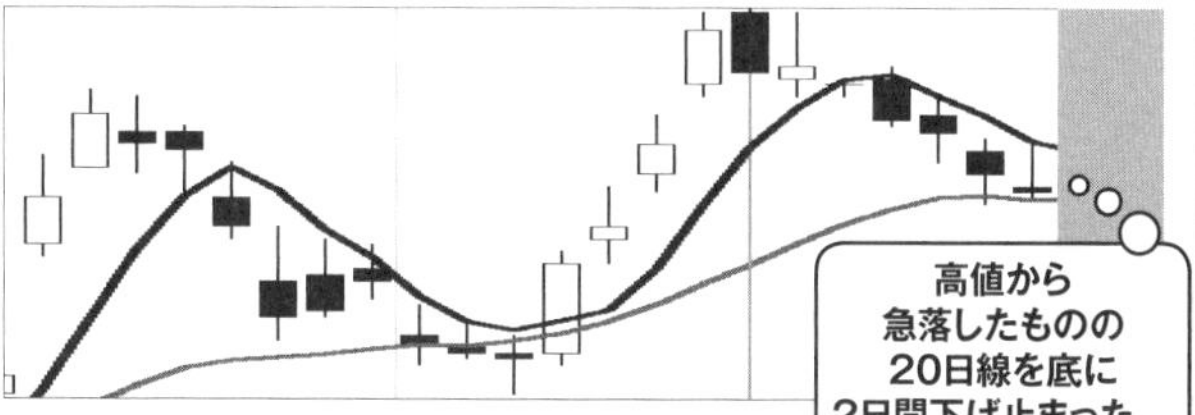

このあとは2日連続、大陽線で上昇

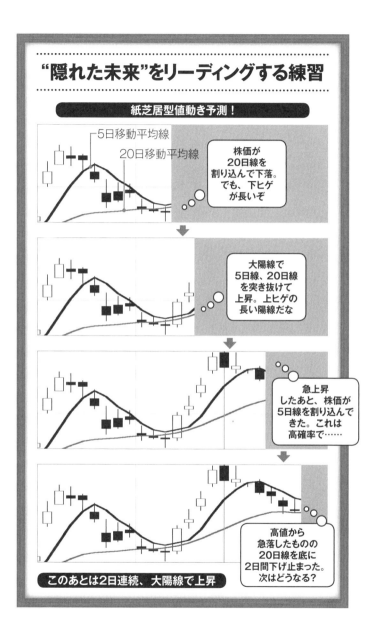

予想がハズれていても、まったく問題ありません。だって、練習ですから。

３０００回という目標に向かって、さまざまな銘柄を紙芝居風にリーディングしていくと、自分の予想できる局面と予想できない局面があることに気づくはずです。

また予想がとても難しい局面や簡単な局面、簡単そうに見えるのに結果が間違ってしまった局面にもぶつかるでしょう。自分ができないこと、不得意なところがわかったら、なぜできないか、反省して、やり直します。それが株の技術向上につながるのです。

相場'sまとめ
最初は予想できない株価の流れも、何度も繰り返し練習すれば「あっ、これだ！」という感覚がつかめます。

結論から見ることで未来予想の力を養う

ビールのジョッキを目の前に並べて、ひとつひとつにビールを注いでいくとします。その動作を何千、何万回も繰り返すと、電気が消えて真っ暗になってもジョッキにビールを注ぐことができるようになるでしょう。

もし、これが最初から真っ暗闇のままだったら、100万回挑戦してもすべてのジョッキに、こぼさずにビールを注ぐのは不可能です。

つまり、物事が上達するには、まず過去の事例をもとに、最初は「答え」が見えた状態でやってみるのが近道だということです。

頭がいいと勘違いしている人はきっと、「見えた状態でやっても意味ないじゃん」というでしょう。でも、そんなことはありません。

「見えた状態でやるから、そうなることがわかる」ということを何度も繰り返すことで、初めて「見えていない状態でも、こうなったらこうなるはず」ということがわかるのです。〝正しい回路〟が、頭の中にできあがっていく感じですね。

たとえば、図3－4では、株価がずっと下がってきて、❶で長い下ヒゲ陽線が出て下げ止まり。その後、勢いよく❷の大陽線が出現。❸の陰線以降、いったん下がったものの、その後、再度上昇。結果的に「二度目で上げるパターン」が完成しています。

逆に、「二度目に上げる」という答えがわかった状態で、「じゃあ、どんなふうに上げたのか？」を振り返ってみると、❸の陰線のあと、陰線が連続するものの、もっと急落してもおかしくないのに株価は下がらないところに底堅さを感じられたと振り返ることができます。

さらに❹の陽線で二度目の上げがスタート。「ここは素直に買いで勝負でよかったんじゃないか」と判断できます。

でも、❺の陰線でローソク足が5日線、20日線を再度割り込みます。「でも、5日線と20日線がクロスしそうだし、まだ❺のローソク足が5日線の下まで割り込んでいない。買いを継続するなら、それが理由になるな」と考えます。

そして❻の陰線で5日線が20日線を上に抜けました。「その後も横ばいが続いて、

図3–4　**よく出てくる値動きパターンを覚える**

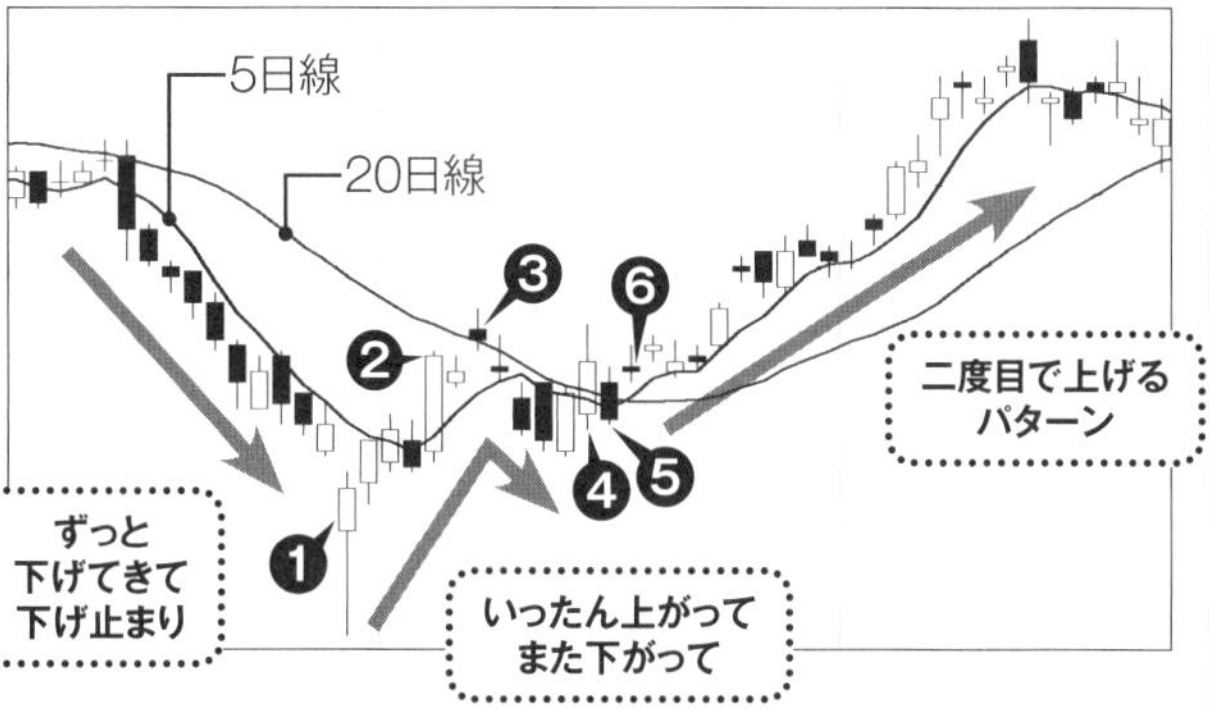

まだ上がるかどうか不確かだけど、ローソク足が5日線を割り込まない限りは買い継続で利益を伸ばせたな」といった"追体験"をしていきます。

実際の株式投資は"お先真っ暗"の中で行うので、売買判断を下した時点では予想が当たっているかどうか、まったくわかりません。でも、正解がわかった状態なら、「❹の陽線で買って買いを継続する理由」を自分なりにあれこれ考えられますよね。

そうやって、後講釈でもいいから、「ここで買う理由」「ここで買いを継続する理由」といったものをとことん考えれば、頭の中に「二度目で上げるパターン」の回路ができてきます。まさに、目の前のビールジョッキを見ながらビールを注いでいる状態です。

一滴もこぼさない自信がついたら、今度は薄目を開けて注ぐ、その次は目を完全に閉じて、ビールをジョッキに注いでいく。それを繰り返していけば、やがて真っ暗闇の中でもビールをジョッキに注げるようになるはずです。図3－4の例に話を戻すと、「ずっと下げてきて、いったん上がってまた下がって、二度目で上げるパターン」が実戦でもなんとなく察知できるようになるのです。

相場'sまとめ
最初に結論から見る。答えを覚えてしまえば、問題が少し変化しても正解できるようになります。

過去のある時点ではまだ〝未来〟だったところを〝カンニング〟したうえで、その未来を予想できた理由を後づけで考えることも有効です。

過去のチャートの未来の部分を隠して、その隠れた部分で何が起こるかを予想するのとは逆に、まずは過去のチャートの「結果」をすべて見たうえで、〝どうして、その結果が起こったのだろう〟とさらに過去を振り返ってみるのです。

私はこれを「こじつけ練習」と呼んでいます。〝こじつけ〟というとなにやらよからぬ響きがありますが、ご安心を。チャートを見て「ここで買ったら大儲けできたのに」という〝たられればポイント〟を見つけて、そのポイントで取引するための理由をこじつけでもいいのでひねり出すというトレーニングです。

こじつけ練習には、5日線や20日線に加えて、60日線、100日線といった長期の移動平均線もすべて表示させるといいでしょう。相場式では、期間の違う移動平均線の向きやローソク足との交わり方をチェックしながら相場を見る目を養っていきます（68ページ参照）。

たとえば、59ページの図3-5のチャートの画面左は横ばいから上昇局面ですが、先ほどの図3－4と同様に「二度目で上げる」パターンです。

❶の陽線で買いたいところですが、ここで買うと次の大陰線で大きくやられてしまいました。「やはり5日線が右肩下がりの状況で、ローソク足が陽線で5日線を抜けてもそのまま上昇しづらいんだな」。結果がわかっているから、そう考えられます。

「じゃあ、自分ならどのローソク足から買えたんだろう」とさらに〝妄想〟を進めると、❷の陽線が出て、ローソク足が5日線、20日線のみならず、100日線も越えて勢いよく上昇したところなどは、「自分だったら絶対に買っていたな～、そうしたら、その後の急上昇で100万円ぐらい儲けることができたな～」と思えるはずです。

上昇の過程では、❸の陰線でいったん5日線を大きく割り込む下げが登場していますす。ここは売りと判断してもいい状況ですが、「ここで買いを継続して、利益確定してしまわない理由はなんだろう」と無理やりでもいいから考えてみましょう。

そうすると「5日線、20日線、60日線、100日線がすべて上向きだから」という〝答え〟に気づくでしょう。結果がわかっているので、答えも探しやすいのです。

図3－5の画面右側では、だらだらした下落が続いています。

図3−5 “こじつけ練習”で未来をカンニング

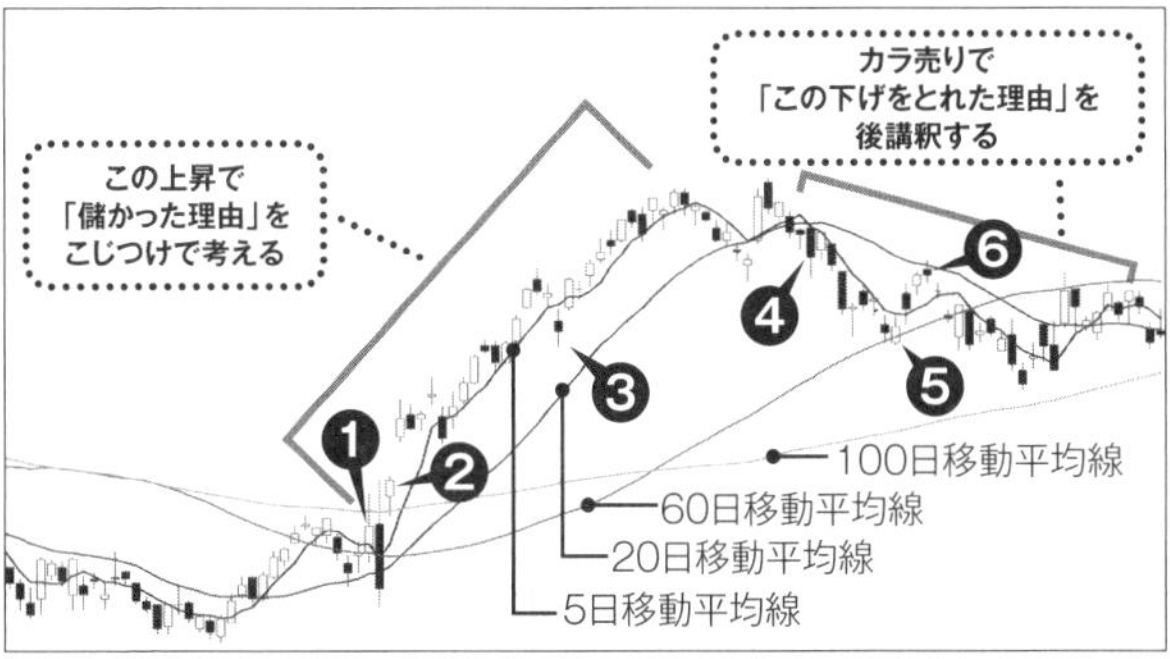

「ここはローソク足が大きな陰線になり、5日線が20日線を割り込んだ❹で売るのが正解だろう。そのあと、上向きの60日線にぶつかって❺の陽線が出たところで利益確定。こんなのチョロイチョロイ」と、さすがに結果がわかって単にこじつけているだけですから、余裕を持って言えてしまいます。

「そのあと、❻の陰線でまた売り。これも下向きの20日線にローソク足がぶつかって下げているわけだから、簡単な売りポイントだな〜」なんて、捕らぬ狸《たぬき》の皮算用を楽しむことで、自然と、値動きパターンが頭に入ってくるのです。

「ああなったらこうなる」がわかるようになる

過去のチャートを見て、株価の流れをストーリー化し、次にチャートの右半分を「紙芝居風」に隠して、そこで起こる値動きをいちいち予想してみる。

さらに過去のチャートを見て、「ここで買ったら儲かったのに」という局面で買って、実際に株価が上昇して儲けていく状況を「こじつけ練習」で想像してみる。

そういうトレーニングを3000回もすれば、値動きにはパターンがあり、そのパターンに当てはめて考えると未来が読めるようになることがわかってきます。

何度もいいますが、少し練習しただけで「もうわかった」と早合点しないことが重要です。実際にお金をかける前に何度も何度も「練習、練習、練習」「訓練、訓練、訓練」を重ねることが大切です。

たとえば、図3-6で示したように、移動平均線というのは5日線と20日線がともに上向きだったところから、いったん5日線が下がって20日線に近づいたあと、再び

図3-6 "ああなったらこうなる"の一例

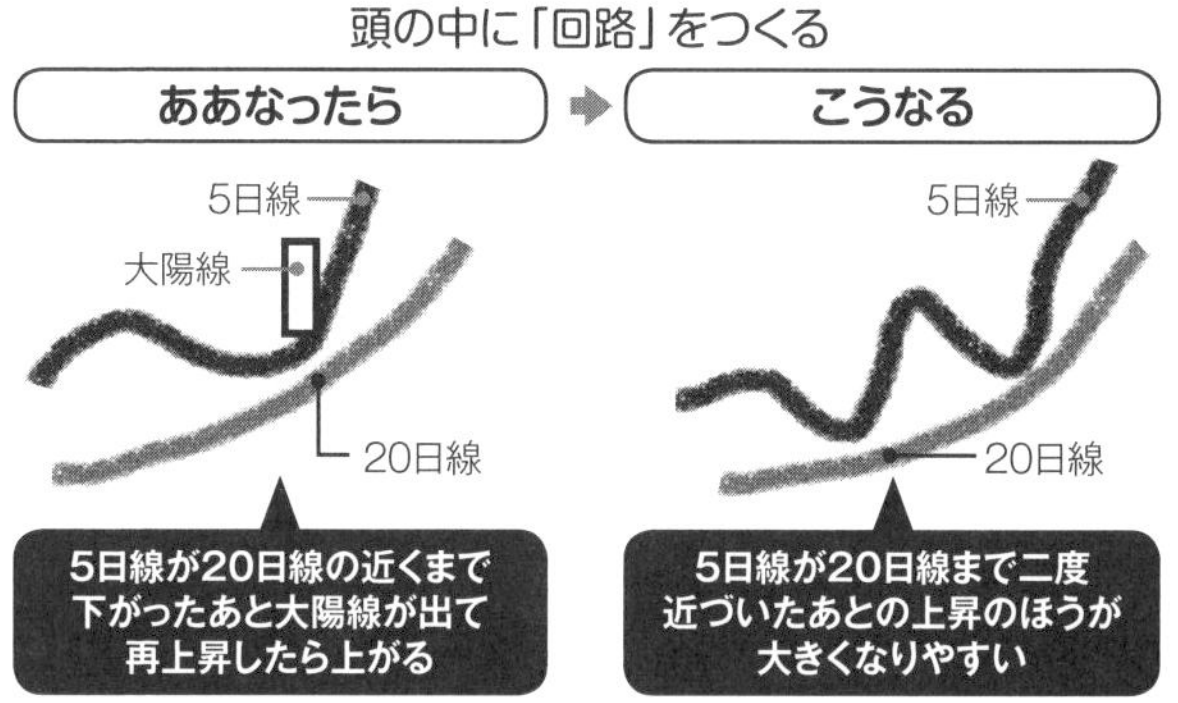
頭の中に「回路」をつくる
ああなったら
こうなる
5日線
大陽線
20日線
5日線が20日線の近くまで下がったあと大陽線が出て再上昇したら上がる
5日線
20日線
5日線が20日線まで二度近づいたあとの上昇のほうが大きくなりやすい

上向きに転じたら上昇が続くので買い、というパターンがあります。

このパターンをさまざまな銘柄のチャートをのべ一万年分、検証したら、その中でも「5日線が再上昇に転じたときに陽線が出たら急上昇の確率が高くなるな」とか、「5日線が20日線に近づく回数が2回目のほうが大相場になりやすいな」という「ああなったらこうなる」パターンが頭の中に焼きついていることでしょう。

とにかく株式投資に必要なのは、「ああなったらこうなるんだ！」「こうなったらああなるんだ！」という頭の中の「回路」なのです。

長所を伸ばし弱点を克服して成長する

たとえば、ある銘柄のチャートを見て、どこで買おうか考えているとしましょう。そうしたら、陰線が出て「あっ」と思う。

この「あっ」がポイントです。

「なるほどわかったぞ、お前の気持ち（値動き）は。ここから下がるのだろう?」という予想を自分に伝える。

これを何千回も自分に伝えると、頭の回路ができて、こうした陰線のあとは往々にして下げ始めることがわかってくる。「あっ、もうわかった、わかった」と。

そうなると、私だったら、スマホが一台あって、証券会社の口座にアクセスできれば、画面をなでなでしているだけで月一億円、儲かってしまいます。

もうパソコンの大画面でいちいちチャートを見なくても、スマホで値動きさえわかれば、その先がピーンと見えてしまうのです。

なぜなら頭の中にしっかり「回路」ができているからです。

ちなみに、私が愛用しているのは、金融系出版社のパンローリング社が提供しているチャート(「相場アプリケーション」)。巻末に相場師朗の投資法に合わせて改良されたチャートサイトのURLがあります)。このチャートソフトなら東京株式市場に上場する4000銘柄近い株の過去の株価データを、1986年4月8日から現在まで約30年分も見ることができます。そうしたチャートツールを使って、現在から過去に向かってどんどんチャートを見ていきましょう。

たとえば、まずはソニーのチャートを30年分見てみる。

同じことを三菱電機でやってみる。そのあと、住友金属鉱山にも手を出してみる。

「リーディング」や「紙芝居」や「こじつけ練習」を黙々と続けると、自分の長所や弱点が、まだ実際にお金を投じて取引していなくてもわかるようになります。

「これこれ、こういう局面なら、かなりの精度で予想できるようになった」という確信が持てれば、その得意分野がチャート上に登場したときに限り、株式投資の実戦を始めてもいいでしょう。

その半面、「自分はまだ、こういう局面になると予想がハズれやすいんだな」といった弱点を弱点として、しっかり意識することも大切です。

そういった状況では本物の取引は行わず、さらなる練習を重ねて、その弱点を克服する方法を探します。もっと練習すれば、きっと、その弱点が克服できたうえで、新たな課題を発見することができるでしょう。

弱点があるなら、それを克服すればいい。そのプロセスを10年続ければ、確かな技術を持った、一人前の株職人が生まれているはずです。

相場'sまとめ
練習を重ねて自信が持てるパターンができたら、いざ実戦です！弱点の克服にも努めましょう！

第4章

移動平均線の「向き」と「並び」が儲けの種

相場式で使う移動平均線は5種類＋α

物事は近くで見るより、ある程度、遠くから離れて見たほうがよくわかるものです。上がったり下がったり、激しく、ややこしく動いている株価の値動きをドローンのように高みから見渡すことができる〝飛び道具〟。それが移動平均線であり、相場式株式投資法には必要不可欠な武器です。

寿司職人が刺身包丁に魂を込めるように、プロ野球選手がグラブに感謝するように、ひたすら移動平均線という道具に磨きをかけ、研ぎ澄ましていく。

使う移動平均線は「5種類＋α」です。

まずは「5日移動平均線」。月曜日から金曜日まで株式市場で取引が行われると、日数は5日。5日移動平均線は〝1週間〟という節目ごとの株価の平均値を結んだ線ですから、短期的な株価の値動きを抽象化した、とても重要な線です。

次は1カ月。土日を除くと1カ月は約20営業日になるので、1カ月の値動きの平均値を示す線として「20日移動平均線」を重要視します。

証券会社のチャートツールなどの基本設定では、5日線と25日線が基本になっているケースが多いですが、これは土曜日も株の取引が行われていて、1カ月が約25営業日だった名残だと思われます。

相場式ではちゃんと土曜日は休んで、20日線を使います。

次は3カ月。1年の4分の1、四半期決算でいうと「1クォーター分」に相当する中期的なトレンドがわかるのが「60日移動平均線」になります。こちらも一般的には75日線を使うことが多いですが、相場式は「60日＝3カ月」を重視します。

さらに「100日移動平均線」は約5カ月、「300日移動平均線」は約15カ月の株価の値動きの平均値です。キリのいい3ケタの期間ですが、長期的な株価の流れを示した線として使います。

移動平均線は、期間中に投資家がその株を取引した「平均売買単価」と考えることもできます。5日線は1週間、20日線は1カ月、60日線は3カ月、100日線は5カ月、300日線は15カ月という期間における「損益ライン」でもあるのです。

相場式の移動平均線は日足がポイント！

一般的な日足		相場式の日足はこの期間！	週足	月足
5日	→	5日	13週	9月
25日（土曜日も平日だった時代は25営業日＝約1カ月だった）	→	20日（約1カ月）	26週（約半年）	24月（2年）
75日（土曜日も平日だった時代は75営業日＝約3カ月だった）	→	60日（約3カ月）	52週（約1年）	65月（5年）
100日（土曜日も平日だった時代は100営業日＝約4カ月だった）	→	100日（約5カ月）	78週（約1年半）	84月（7年）
200日（土曜日も平日だった時代は200営業日＝約8カ月だった）	→	300日（約15カ月）	100週（約2年）	100月（約8年3カ月）

移動平均線で一番重要なのは「向き」

株価の大きな流れを示す言葉を「トレンド」といいます。

英語で潮流や川の流れを意味する言葉ですが、移動平均線こそ、それぞれの期間の株価のトレンドそのものです。

実際にやってみたらわかりますが、川の流れに逆らって泳ぐのはとても苦労がいること。トレンドに逆らって泳ぐのはなかなか大変です。

逆に川の流れに乗って泳ぐとスイスイ、ラクラク泳げるものです。それでも産卵を控えた鮭のように、生まれ故郷の川を必死に逆流するのが生き物の本能なのかもしれませんが……。トレンドに乗って稼ぐと楽チンで、トレンドに逆らうと痛い目に遭いやすいのは株式投資も同じですね。

株価は移動平均線という川の流れに乗って、流れと同じ方向に向かうことが多いので、移動平均線が示すトレンドの方向に沿った売買を行うのが、株式投資の基本になります。

これを別名「トレンドフォロー」といいますが、株価のトレンドは移動平均線の「向き」や「傾き」、「並び」を見れば一目瞭然です。

移動平均線で一番重要なのは「向き」です。

株価というのは上がっているか、下がっているか、横ばい状態か、そのいずれかしかありません。株価の値動きを示したチャートは縦軸が株価、横軸が時間になっているので、チャート上では、上に向かって上がるか、下に向かって下がるか、横ばいになるかという三つの方向に動くことになります。

移動平均線が上向きのときは、その期間の株価の平均値が日を追うごとに上がっていることを示しています。

たとえば、5日前の株価の終値よりも今日の終値が高ければ、昨日の5日移動平均より今日の5日移動平均のほうが高くなって、5日線は上向きになります。

さらに4日前の株価の終値よりも明日の終値、3日前より明後日の終値……というように、それぞれ5日前の終値よりも現在の株価が高ければ、5日線も上向きを維持することになるのです。

現在の株価が5日前の株価よりも急激に上昇していれば、5日線の角度は急になり、ゆるやかに上昇していればなだらかになります。

これはどの期間の移動平均線も同じで、移動平均線の「角度」は上昇や下落の急激さ、加速具合を示しています。

株価は煩悩のかたまりですから、暴れ馬のように上がったり下がったりしますが、大きな流れには逆らえません。

株価を子供だとすると、移動平均線は母です。子が母のもとに帰っていくように、株価には移動平均線に引き寄せられる傾向があります。そのため、

「移動平均線が上向きで全体が上げていれば、一時的に株価が下がってもやがては戻って上がる」

「逆に移動平均線が下向きで全体が下がっていると、株価は一時的に上がってもやがては下がることが多い」

というのが、移動平均線の基本的な見方、使い方になります。

株価は移動平均線の方向に沿って動くのが基本

移動平均線は「向き」が一番重要

「上向き」なら上昇トレンド

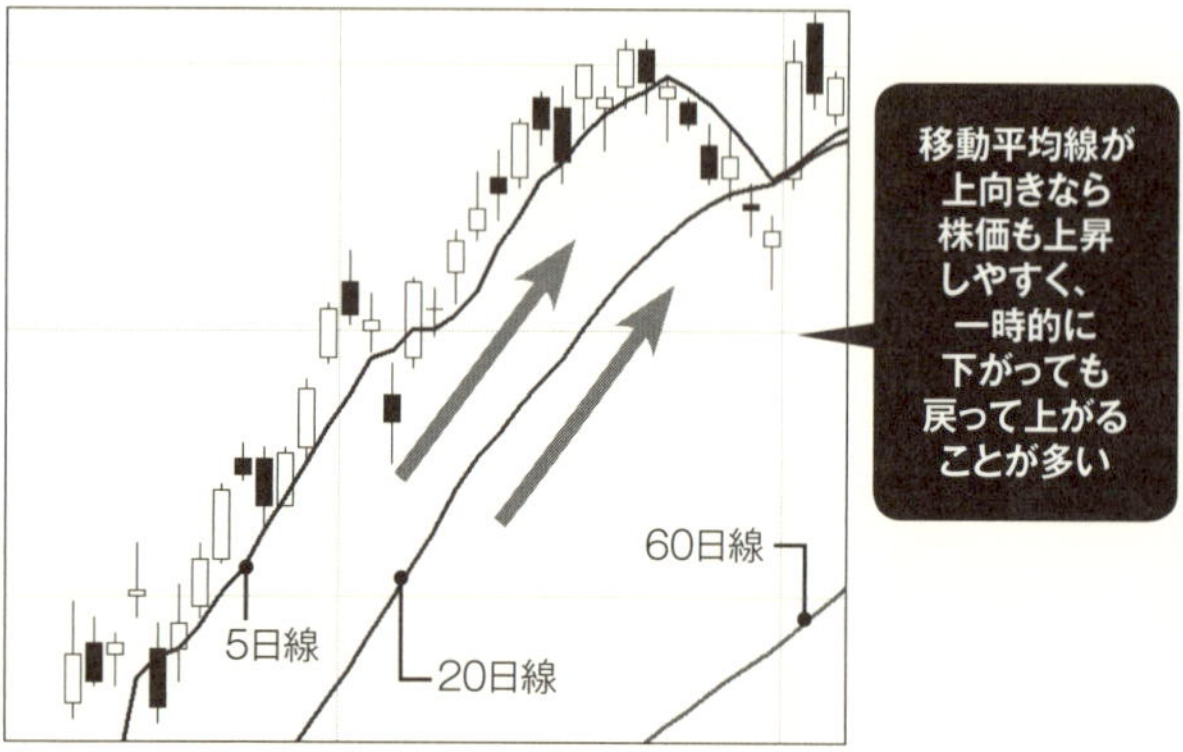
5日線
20日線
60日線
移動平均線が
上向きなら
株価も上昇
しやすく、
一時的に
下がっても
戻って上がる
ことが多い

「下向き」なら下降トレンド

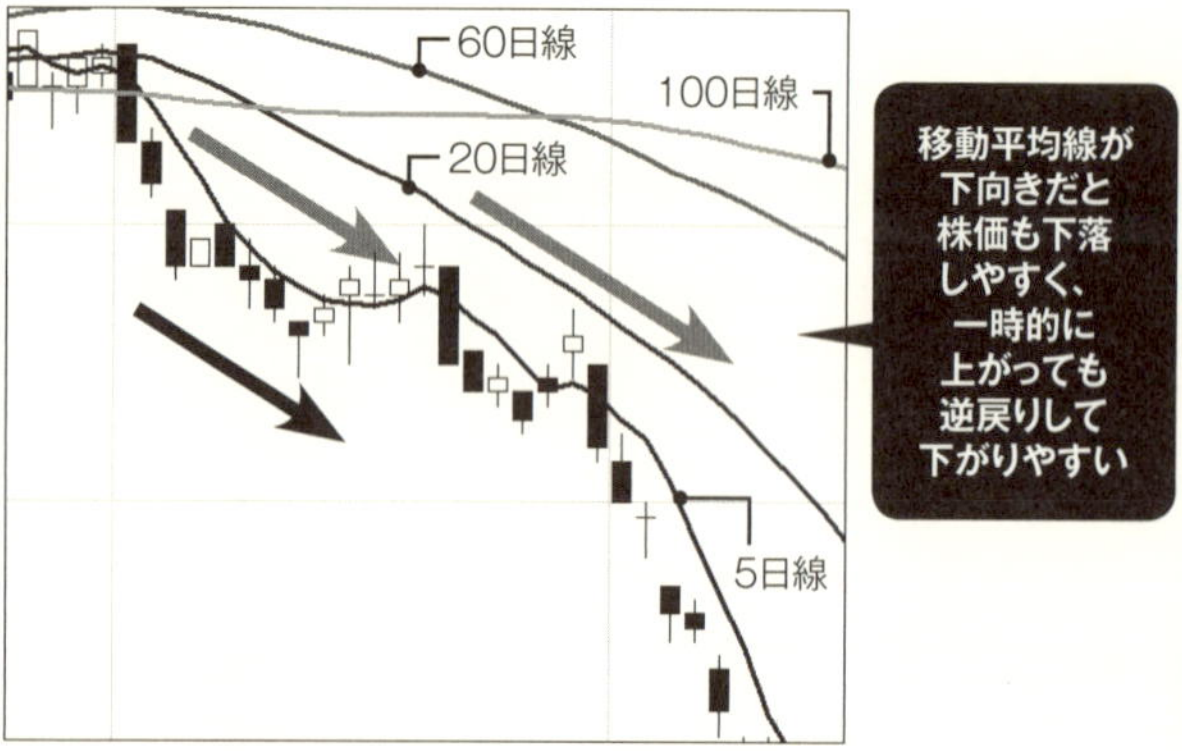
60日線
100日線
20日線
5日線
移動平均線が
下向きだと
株価も下落
しやすく、
一時的に
上がっても
逆戻りして
下がりやすい

移動平均線の並びにも注目する

移動平均線はある期間の平均値ですが、株価というのはどんどん未来に向かって動いていきますから、その動きを反映して株価の影響をより受けやすいのは期間が短い移動平均線になります。株価が上昇を続けていれば、それに引っ張られる形で最初に上向きになるのは5日線、次に上向くのは20日線、その後に60日線、100日線、300日線といった順序で株価の動きに反応していきます。

つまり、株価の上昇が長期間続いているときの移動平均線の並びは、上から株価↓5日線↓20日線↓60日線↓100日線↓300日線という順序になり、下降が続いていればその逆になるわけです。

たとえば、20日線が上向きの場合を考えてみましょう。

20日線が上向きということは、20日間の株価の平均値がどんどん上がっているということ。つまり直近の株価は上昇を続けているということになります。

となると、その影響を20日線以上に受けやすい5日線は20日線以上に上向きで上昇しているはずです。そして、移動平均線の性格からして、

●20日線が上を向いているとき、5日線は必ず20日線の上にある
●20日線が下を向いているとき、5日線は必ず20日線の下にある

ということがいえるのです。当然、株価が変化すると、20日線が上を向いているのに、5日線がその下に潜り込んだり、20日線が下を向いているのに5日線がその上まで跳びはねたりすることもあります。

実は、こうした「並び」の変化こそが絶好の稼ぎ時になります。

株価に「定価」のようなものがあって、その価格がまったく動かないとしたら、株式投資というのは永遠に儲かりません。変化は怖いですが、株価が変化するから儲かるのも事実なのです。

たとえば、20日線が上向きのときに一時的に5日線が20日線の下に来たということは、株価が20日間の平均という川の流れに逆らって、反対側（下降）に向かおうとしていることを示しています。

移動平均線の並びでトレンドやその変化を判断

移動平均線の「並び」に注目する！

上昇トレンドの並び

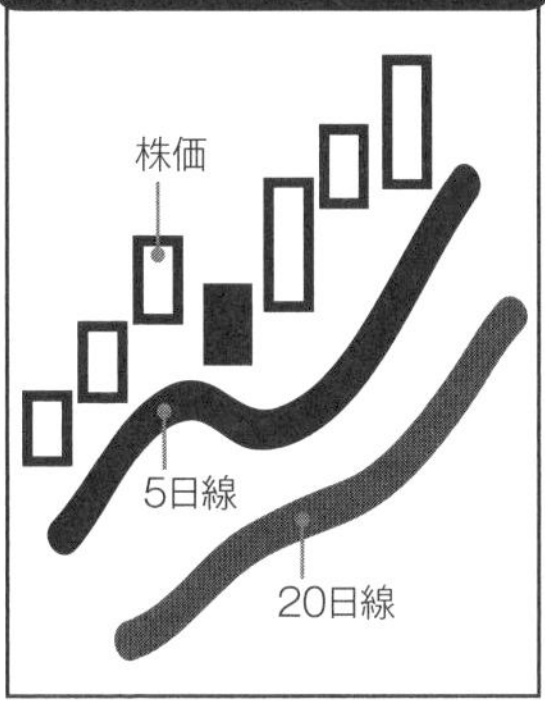

下降トレンドの並び

[上昇トレンドからの変化]

株価がまず5日線の下に
次に5日線が20日線の下に

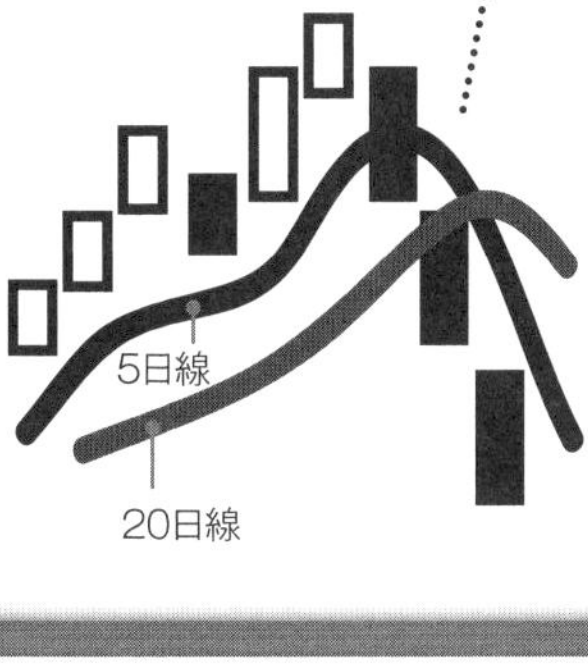

[下降トレンドからの変化]

株価がまず5日線の上に
次に5日線が20日線の上に

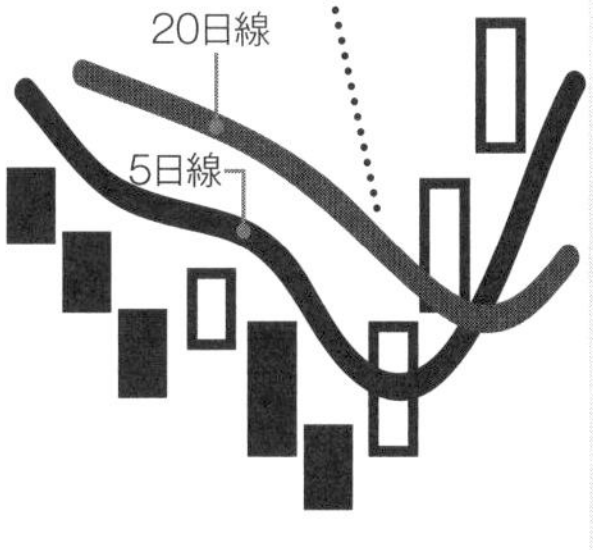

反対に、逆流に逆らうのに疲れて、下がっていた株価が反転上昇したら注目です。それは、株価が〝母なる〟20日線のほうに向かって回帰する瞬間なので買い、と判断できるわけです。

このように、20日線が上向きなら5日線が20日線の上にあるのが普通。20日線が下向きなら5日線が20日線の下にあるのが普通。そうでなかったら変化の兆し、というように移動平均線の並びを見ただけで、株価の流れの継続や変化を察知できるようになることが大切です。

「20日線が上向きのとき、それより上にあった5日線が20日線前後まで下がったあと、株価が勢いよく上昇に転じて5日線を上に抜けたら買い」、「20日線が下向きのとき、それより下にあった5日線が20日線前後まで上昇したあと、株価が失速して下がり、5日線を下に抜けたら売り」というのがトレンドに乗った売買法になります。

反対に「上向きの20日線を株価や5日線が下に抜けて、さらに下落が続いたら売り」、「下向きの20日線を株価や5日線が上に抜けて、さらに上昇が続いたら買い」というトレンド転換に乗った売買法も視野に入れましょう。

トレンドの継続・転換と売買方法

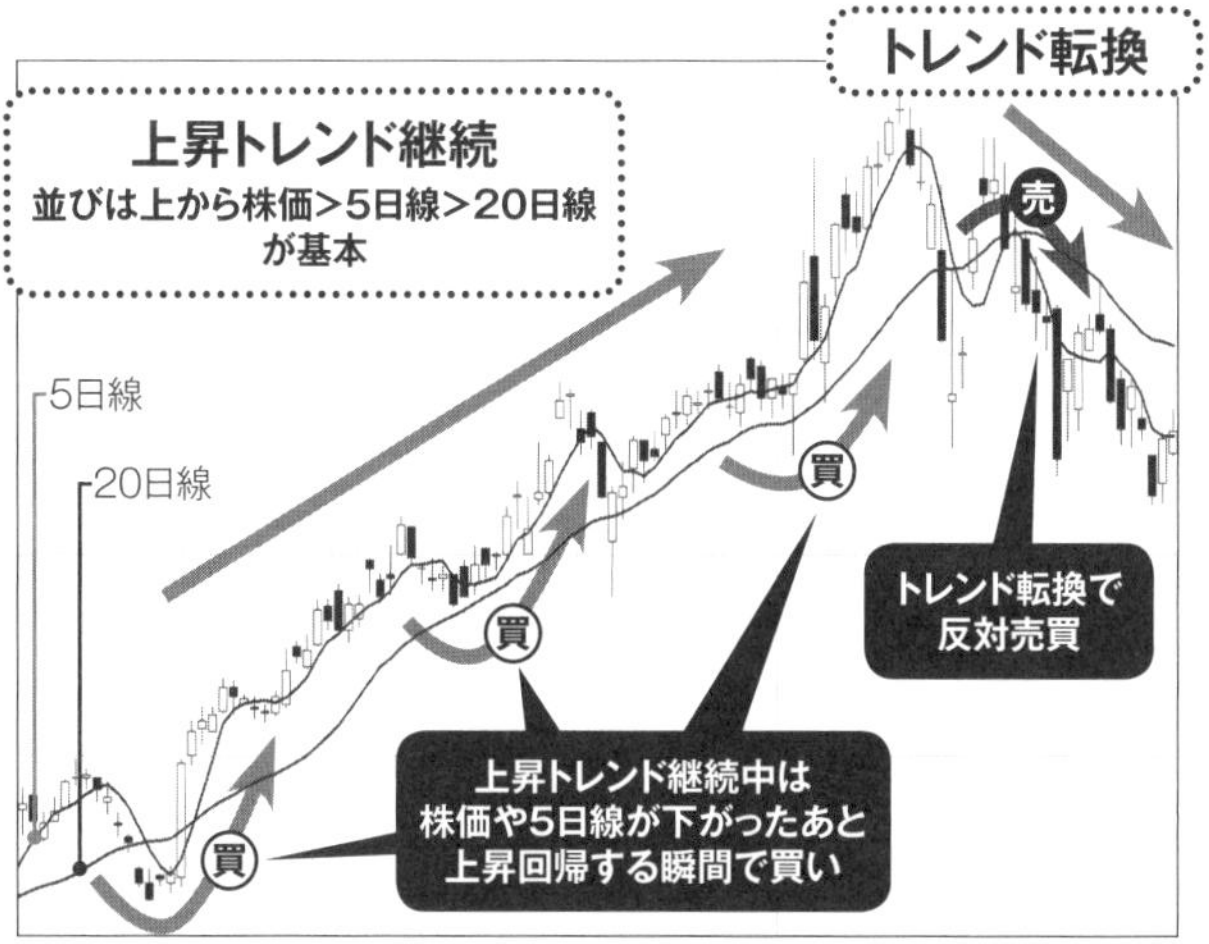

5日線と20日線がともに上がっているとき、まず5日線が先に下がり始めないと、20日線も下がりません。そういう計算でつくられているのが移動平均線ですから、これは100%そうなります。20日線が上向きを維持している限り、5日線がいったん下がってまた上がったところは買いで勝負して大正解なのです。

5日線が20日線の下に向かい、20日線が下向きになったら初めて、買いではなく売りで勝負することを考えればいい。無理に流れに逆らったりせず、シンプルに楽なほう、楽なほうに物事を考えると成功するのが株式投資なのです。

相場'sまとめ
移動平均線だけに狙いを絞ることで、誰がやっても、どんな局面でも成功できる「再現性」が生まれます。

第5章

株の買い時がわかる相場式シグナル

下半身
くちばし
ものわかれ
N大
高校生タイム

すべての始まりは「下半身」「逆下半身」

移動平均線を使った売買シグナルとしては、「グランビルの法則」や短期移動平均線と長期移動平均線がクロスする「ゴールデンクロス」、「デッドクロス」が巷《ちまた》では有名です。でも、グランビルといわれても「?」という方も多いはずです。それに「ゴールデンクロス」や「デッドクロス」って長ったらしくないですか?

ネーミングはシンプルで単純なほうがいい! そうに決まっている!

そこで私、相場師朗は移動平均線のさまざまな売買シグナルを相場流の超オリジナルな名称で呼ぶことで、みなさんにより親しみやすく、よりわかりやすく、すぐに使いこなせるようにアレンジしました。

その名称は超オリジナルなものなので、ほかでその名称を聞いたら、それは確実に〝パクリ〟です。

この章では、株の勢いの初動をとらえることができるシグナルを中心に紹介します。

「初動をとらえる」ことができるので、株を買うとき（カラ売りから入るときもありますが）に、特に役立つものばかりです。

まずは相場式株式投資の真骨頂、エキス・オブ・エキスといえるのが「下半身」「逆下半身」という売買シグナルです。

これはローソク足と、それにすぐ反応して動く5日移動平均線が織りなす独特の形状で、その名の通り、愛と欲望にまみれた暴れ馬のような株価が5日線を思いっきり突き抜けるときに出現します。株価の値動きで最もエロティックな瞬間です。

と、なにやら、わけのわからない〝文学的表現〟になってしまいましたが、その形状を文字で表現すると次のようになります。

①「5日線が横ばいもしくは上向きに転じたところを、その下にあったローソク足が陽線でカラダ半分以上、上に抜ける＝下半身完成」

②「5日線が横ばいもしくは下向きに転じたところを、その上にあったローソク足が陰線でカラダ半分以上、下に抜ける＝逆下半身完成」

②を上半身と呼ばずに逆下半身と、あくまで下半身にこだわるのが相場流なのかも

しれません（笑）。下半身、逆下半身は株価の勢いの初動をわかりやすくとらえることができる貴重なシグナル。古今東西のチャートに頻出する「買い時」「売り時」の決定打になります。

株式投資歴35年の相場師朗の実体験からいっても、5日線が上昇していて、ローソク足が陽線で半分以上、飛び出した〝元気いっぱい〟の「下半身」が出現すると、必ずといっていいほど、数日間は上昇が続くものです。

反対に「逆下半身」は5日線が下げているところに、ローソク足が陰線で、体半分以上、下に突き抜けた形で、このシグナルが出ると数日間は下落が続くか、少なくとも上昇が休止して横ばいに推移します。

図5－1に概念図と実例を紹介しましたので、しっかり頭に焼きつけてください。

なお、下半身・逆下半身以外でローソク足が発するシグナルとして、「下落が続いたあとの長い下ヒゲ陽線」で上昇トレンド転換、「上昇が続いたあとの長い上ヒゲ陰線」で下降トレンド転換、というものもあります。こちらも頭の片隅に入れておくと、役立つ場面があるはずです。

図5–1 上昇や下落が加速する最初のシグナル

下半身 上昇加速シグナルで買い!

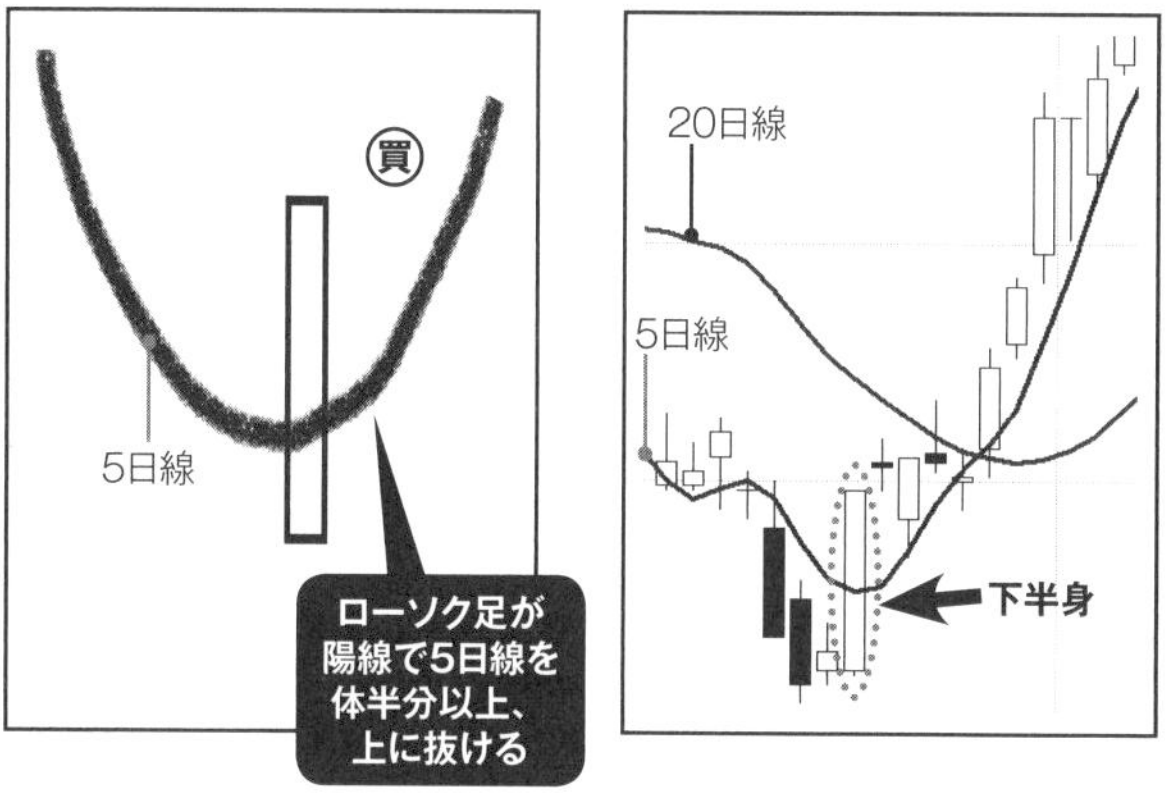

買
5日線
ローソク足が
陽線で5日線を
体半分以上、
上に抜ける
20日線
5日線
下半身

逆下半身 下降加速シグナルで売り!

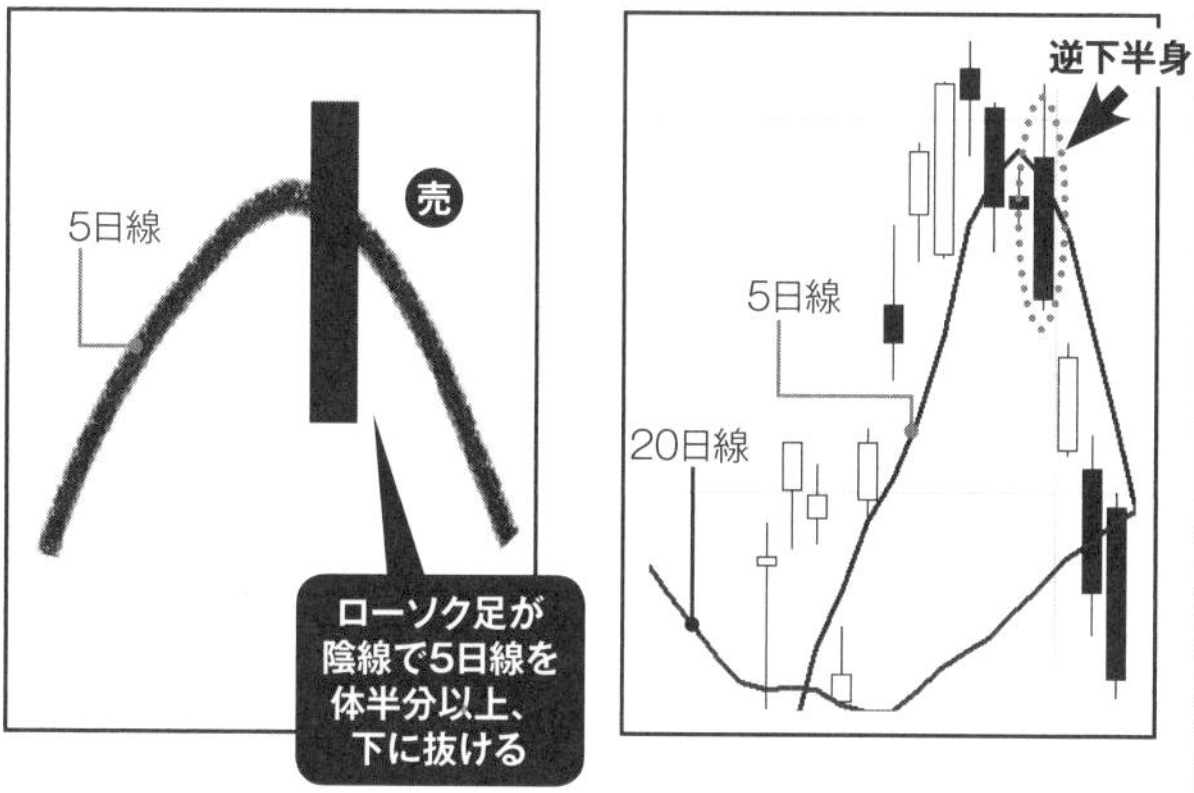

売
5日線
ローソク足が
陰線で5日線を
体半分以上、
下に抜ける
逆下半身
5日線
20日線

トレンド継続サイン「くちばし」を究める

さて次は、伝家の宝刀・移動平均線に磨きをかける相場式投資法の基本シグナルその2、「くちばし」を紹介しましょう。これは短期と長期の移動平均線が織りなす形状を買いや売りの根拠にするのですが、ビギナーの方にも見つけやすいと思いますよ。「くちばし」はゴールデンクロスまたはデッドクロスに近い（同じではない）売買シグナルで、トレンドが大転換する前に出現します。

「上がっている20日線を、その下にあった上向きの5日線が上に抜けて、『くちばし』の形になったら、上昇トレンドへの転換シグナルで買い」

「下がっている20日線を、その上にあった下向きの5日線が下に抜けていき、『逆くちばし』のような形になったら、下降トレンドへの転換シグナルで売り」

という判断を下します（図5－2）。

重要なのは5日線、20日線の両方が上向き（または下向き）に、向きがそろってい

図5-2 トレンド加速&転換の完成シグナル

くちばし 上昇加速orトレンド転換シグナルで買い!

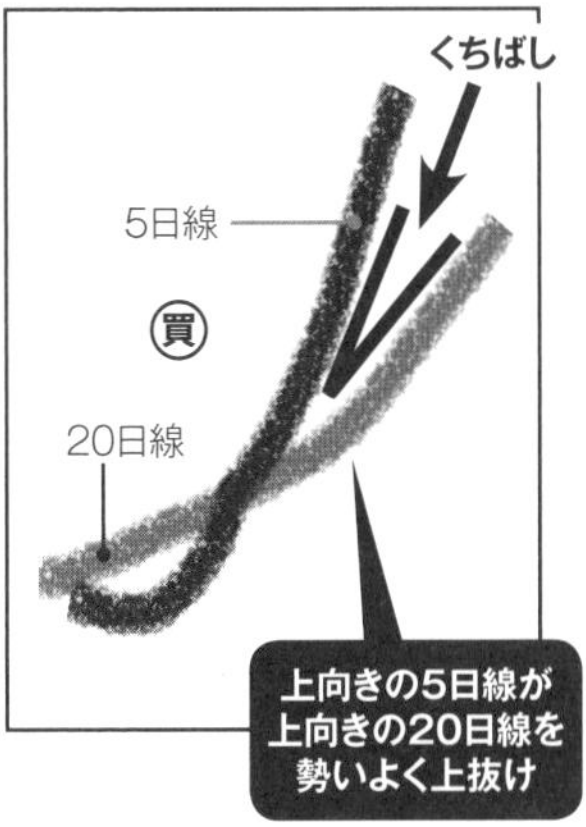

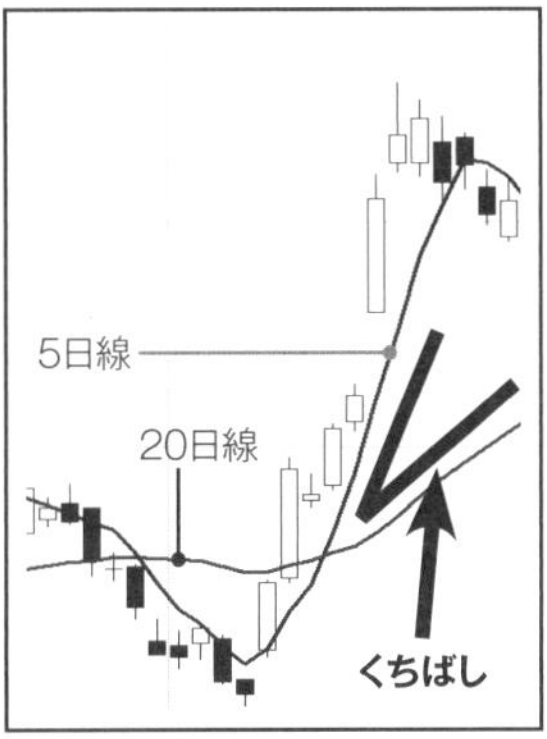

逆くちばし 下降加速orトレンド転換シグナルで売り!

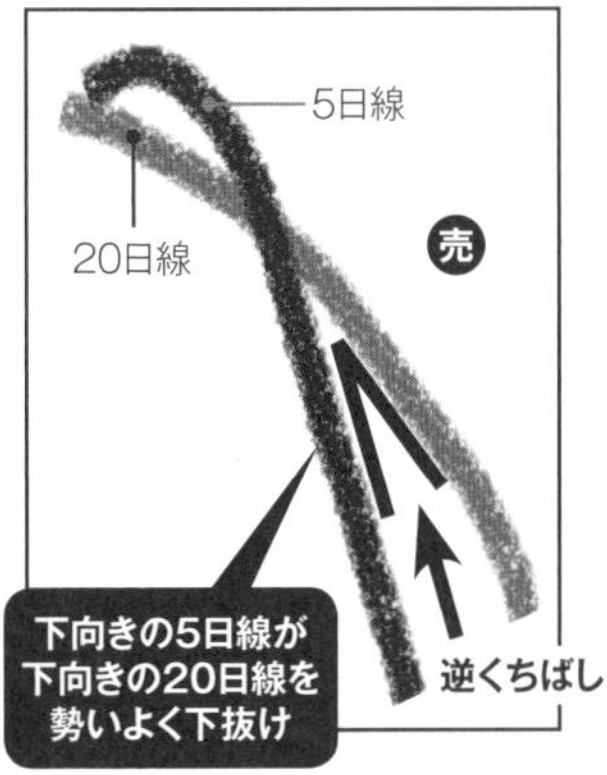

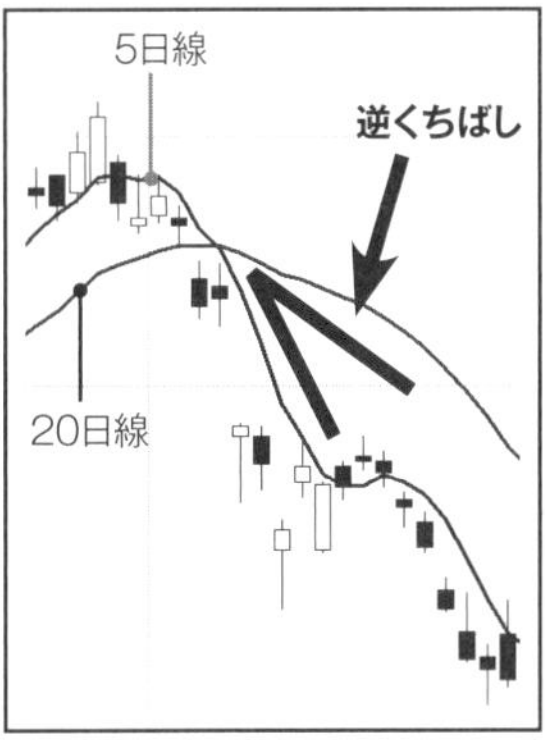

ることです。横ばいの20日線を5日線が抜けている状態は、「くちばし」ではありません。

5日線だけでなく、20日線が上向きになっているということは、すでに株価の上昇の勢いがかなり強いということ。その上向きの20日線の下にいったん沈んでいた5日線が、これまた上向きに転換して、鋭い「くちばし」の形で〝コケコッコー〟と20日線を上抜いていくのですから、上昇の勢いがさらに加速する号砲となるシグナルになるのです。

上昇トレンド継続中にいったん上昇が小休止したあと、再び上昇トレンドに回帰する瞬間もありますが、大底圏まで下落した株価が勢いよく反転上昇するトレンド転換の際にも出現します。その転換にいち早く乗ることができれば、上昇トレンドの初動段階で買えるので、大きな利益を上げるのも夢ではありません。

同様に、20日線が下向きに転じて下降トレンド入りが迫る中、いったんは20日線の上に出た5日線が急降下して下抜けていくのが「逆くちばし」。こちらは強い下降トレンドが加速する最初のシグナルになります。

くちばしとゴールデンクロスの違い

ここまで書くと「なんだ、『くちばし』ってゴールデンクロスのことじゃないか」と、がっかりしてしまう人もいるかもしれません。

確かに形状は同じです。でも、考え方はかなり違います。

相場式株式売買法では常に「先の先を読む」「次の次を見通す」ことを最優先に考えて売買シグナルを見ていきます。

くちばしが発生したから「さぁ、買おうか」と重い腰を上げるのではなく、それ以前からローソク足や5日線、20日線の傾きなどに注目し、「ローソク足がこうなって、5日線があなって、20日線に近づくと『くちばし』が完成するな」というように、「もうすぐシグナルが発生しそうなものを事前に探す」ことに重きを置いています。

よくいわれるのは「ゴールデンクロスが完成したときにはすでに株価は上がってしまっていて、シグナル達成後は下落してしまうことが多い」というもの。

実際にその銘柄に資金を投じていない評論家なら、「ここはゴールデンクロスだったから……」と後講釈をすればいいだけですが、実戦では遅すぎるケースも多いのです。そこで相場式では「まもなく『くちばし』が発生する」という〝前夜〟を探して、早めに仕掛けることをおすすめしています。

たとえば、図5-3のチャートの画面左から中央を見てください。

株価はずっと下がり続けていますが、5日線が20日線の上に出るなど、下げ止まりの兆しが感じられます。特に図のAのゾーンでは大陽線が2日連発しており、底打ち反転気配が濃厚でした。「次の次」を考えるなら、下げ止まり→底ばいのあとの反転急上昇を見すえて買いを仕込んでおきたいところ。そういう目でローソク足を見ていくと、Aの上げが失敗に終わって、もう一段下げたあと、①で大陽線が5日線を越えて「下半身」が完成しています。相場式ならこの①の陽線は断固、買いです。

さらに、①で「下半身」が完成したときには、横ばいだった20日線が上向きに転じています。5日線は20日線の下にありますが、こちらも急角度で上昇している。「次に陽線が出たら、『くちばし』完成も間近だな」と確信できるような位置関係です。そうや

図5-3 くちばし前夜を見通すテクニック

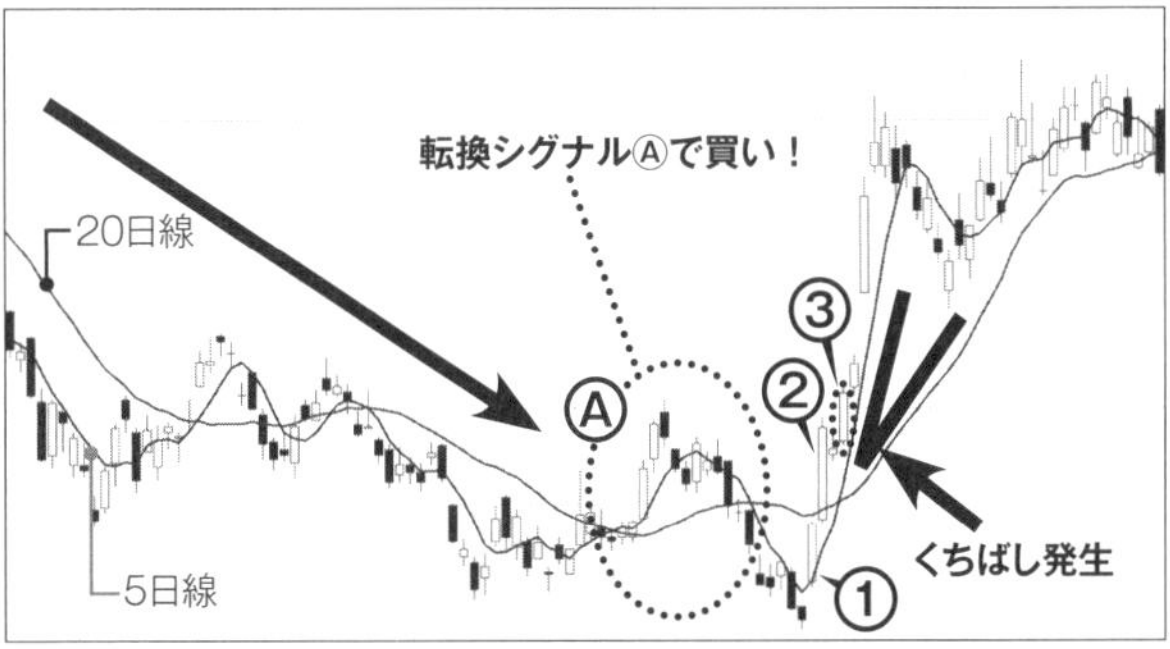

転換シグナルⒶで買い！
20日線
5日線
Ⓐ
①
②
③
くちばし発生

って〝監視〟していれば実際に『くちばし』が完成した③のローソク足の前の②の大陽線で買い増しができたはず。

テクニカル指標の売買シグナルというのは「なったものを探す」のが普通です。でも、それでは遅すぎます。相場式は「もうすぐ、そうなりそうなもの」を探します。当然、「もうすぐ、そうなりそうだけど、結局、ならなかったとき」の対処法も事前に考えておきましょう。

トレーニングを積めば、〝まもなく、くちばし〟という雰囲気は自然とわかるようになります。だからこそ「練習、練習、練習」が大切なのです。

かなり儲けやすいシグナル「ものわかれ」を究める

「ものわかれ」。なにか、雰囲気のある言葉じゃないですか？　その形状は、「上向きの20日移動平均線と並走していた5日線がいったん下落して20日線に近づくものの、接することなく『ものわかれ』して、また上昇するパターン」「逆に下向きの20日線と並走して下げていた5日線がいったん上昇して20日線に近づくものの、接することなく『ものわかれ』して、また下落するパターン」の、ふたつ（図5－4）。さらっと説明しましたが、数ある相場式シグナルの中でも、かなり儲けやすいシグナルなので絶対に忘れないでください！

上昇もしくは下降が続くトレンド相場の流れがいったんゆるんだものの、また同じトレンドに回帰する瞬間が「ものわかれ」です。一般の株用語では「押し目買い」「戻り売り」に近いのですが、押し目買いは「下げている間に買う」（戻り売りはその逆）。ものわかれは、「いったん下げたのに再び上がったところで買う」ことになります。

図5−4 トレンド継続の最重要サイン

ものわかれ 上昇or下降トレンドへの回帰シグナル!

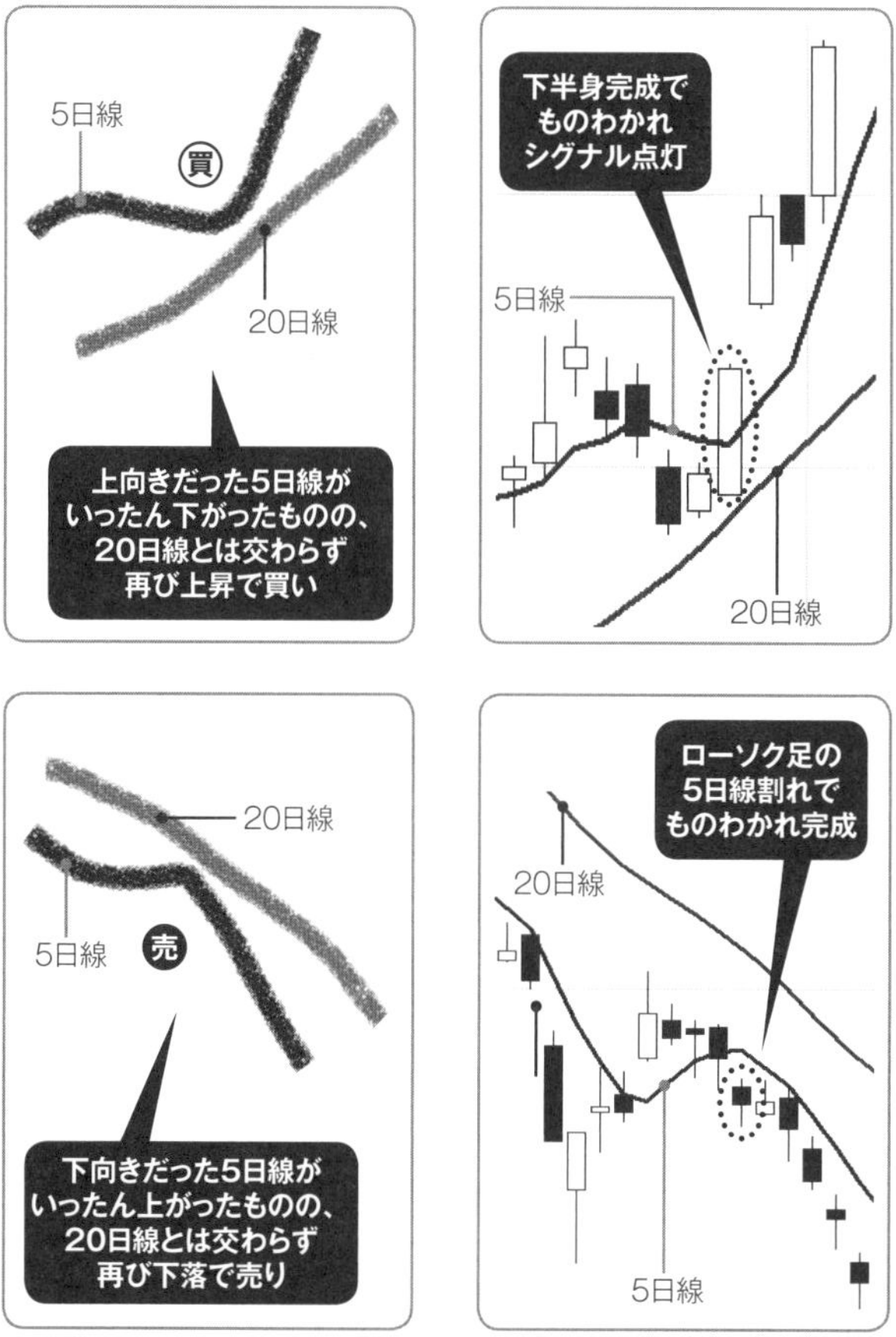

5日線
買
20日線
上向きだった5日線が
いったん下がったものの、
20日線とは交わらず
再び上昇で買い
下半身完成で
ものわかれ
シグナル点灯
5日線
20日線
20日線
5日線
売
下向きだった5日線が
いったん上がったものの、
20日線とは交わらず
再び下落で売り
ローソク足の
5日線割れで
ものわかれ完成
20日線
5日線

「N大・逆N大」を究める

「N大」「逆N大」と名づけた、このシグナルは〝ニチダイ〟と読みます。

「上がって、下がって、上がる」という値動きは株価の値動きの中に頻出しますが、文字にすると「N」の形になり、「N字波動」「N波」などと呼ばれています。

相場式では株価の値動きそのものではなく、5日線の形状がNや逆Nの形になったときを売買シグナルとして重視します。文章で表現すると、こうです。

「20日線・5日線とも同じ方向に下がっていたのに、5日線が20日線に突撃する形で下から上に抜ける。その後、5日線が20日線に近づく形でいったん下がったが、そのまま20日線を下に抜けずにクイッと反発上昇するパターン＝N大」

「20日線・5日線とも同じ方向に上がっていたのに、5日線が20日線に突撃する形で上から下に抜ける。その後、5日線はいったん20日線に近づく形で上がったが、20日線を上に抜け切れずに跳ね返されて下落するパターン＝逆N大」

図5–5 **大相場につながりやすいサイン**

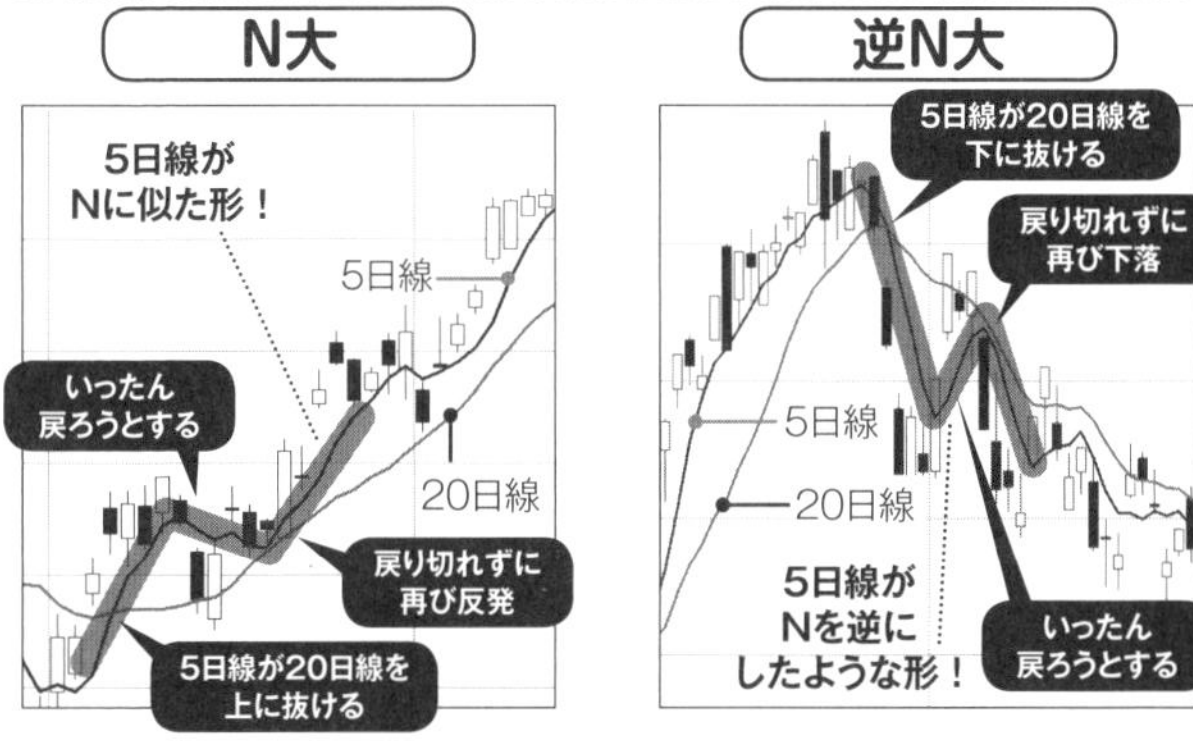
N大
5日線が
Nに似た形！
5日線
いったん
戻ろうとする
20日線
戻り切れずに
再び反発
5日線が20日線を
上に抜ける
逆N大
5日線が20日線を
下に抜ける
戻り切れずに
再び下落
5日線
20日線
5日線が
Nを逆に
したような形！
いったん
戻ろうとする

同じ方向に動いていた5日線と20日線なのに、5日線がそのトレンドを破る。相場が別方向に動くかもしれないファーストシグナルですね。トレンドを破ったあと、元の方向に5日線が戻ろうとしても、戻り切れずに反発する＝強力なトレンド転換のサインなわけです。

相場師朗の35年の株歴から見ても、N大、逆N大の完成は大相場につながりやすく、狙い目です。

実際の売買タイミングは、「5日線がこれまでとは逆方向に動いて20日線を抜けたあと、いったん元の方向に戻ろうとしたのに再び反発し始めたとき」です。

「高校生タイム」でトレンドフォロー

「ものわかれ」や「N大」の発生後に再び5日線と20日線がともに上向きまたは下向きのラブラブ状態で勢いよく並走している形状は「高校生タイム」と名づけました（図5－6）。

まさに上昇トレンドや下降トレンドの〝青春時代〟が続いている状態です。いつ買ってもいつ売っても儲かる貴重な時間といえるでしょう。

「高校生タイム」発生の初動段階にどれぐらい早く乗れるかが株式投資の成績に直結します。トレンドが継続して、高校生タイムが続く限り、どんどん利益が増えていきます。株式投資の中で最も幸せな時間ですね。

ここまで「下半身」「くちばし」「ものわかれ」「N大」「高校生タイム」という超オリジナルの売買シグナルを紹介しましたが、これらをマスターするだけで株の実力は飛躍的にアップします。

図5−6 **最高のトレンド継続シグナル**

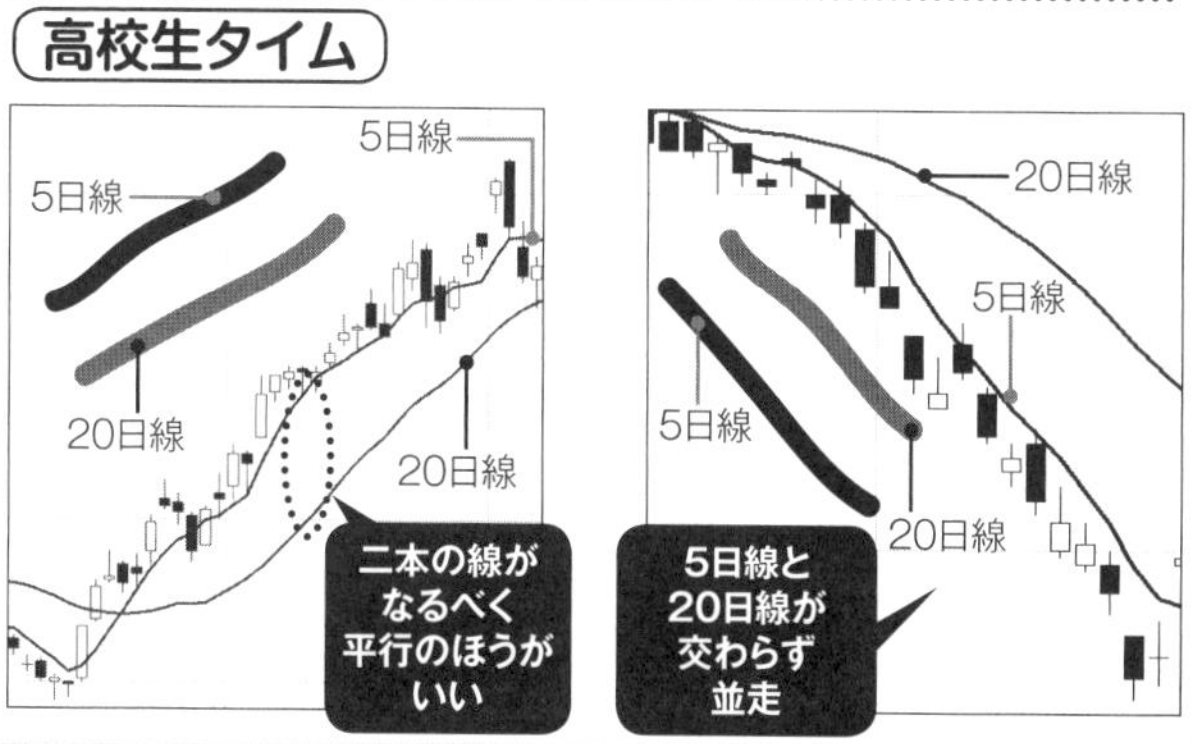
高校生タイム
5日線
5日線
20日線
20日線
二本の線がなるべく平行のほうがいい
20日線
5日線
5日線
20日線
5日線と20日線が交わらず並走

先ほど少し触れましたが、相場式ではこうしたシグナルの完成を指をくわえて待つのではなく、「完成しそうだなと思ったら監視を始めて、すぐに売買できるように準備しておく」レベルまで注意力を研ぎ澄ましてチャートを観察していきます。株価の流れ、値動きは私たち投資家にとって「神様、仏様」のようなもので、どんなに頭脳明晰な投資家も株価の前にはひれ伏すしかありません。

株価が上といったら上ですし、下といったら下です。そんな世界ではなるべく〝頭でっかち〟にならないように気をつける必要があると思います。

相場式の極意は「見ないものは見ない」

移動平均線を使った基本の売買シグナルを理解していただけましたでしょうか。では次に、私が日々行《おこな》っている値動き分析の一端をご説明しましょう。

その極意は「見ないものは見ない」。株価にはトレンドがありますが、そのトレンド通りに動かないのが日々の株価。まさに〝暴れる君〟です。その暴れん坊を、数学的にいうと〝丸めた〟ものが移動平均線になります。

煩悩のかたまりのような株価の値動きに右往左往していたら儲かるものも儲かりません。そこで、暴れまくるローソク足はとりあえず消してしまって、移動平均線だけを表示したチャートで全体のトレンドを大局的に分析する――それが私、相場師朗が考案した「見ないものは見ない」です。

まずは図5‐7をご覧ください。これはJSRという会社のローソク足を消して、5日線～300日線までの移動平均線だけを表示したものです。

図5–7 移動平均線だけを表示する

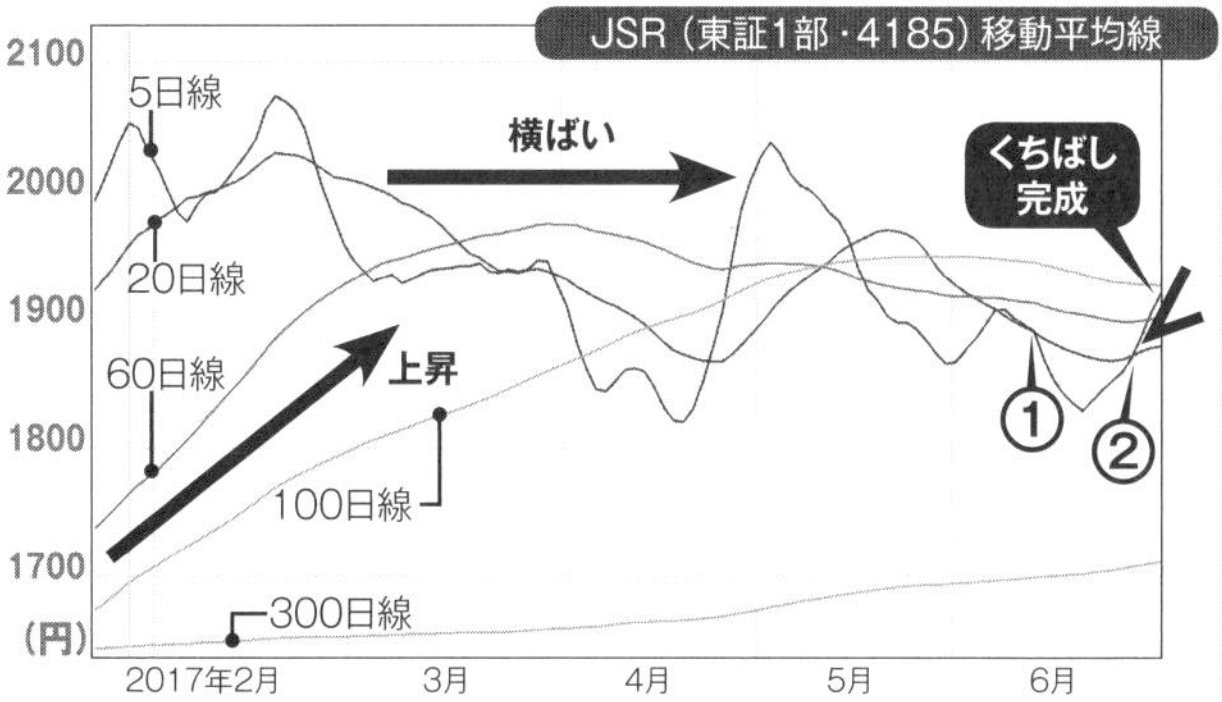

どうですか、とってもシンプルになりましたよね。

図のチャートでは、画面左で続いてきた上昇トレンドが中央あたりで勢いを失い、20日線～100日線が上昇から横ばいモードに移行しています。でも、画面右の最先端では、5日線が20日線を下から上に抜けています。

私なら、図の①の時点で5日線がいったん下向きの20日線にぶつかって下落したあと、再び上昇して20日線を越えてきた②の時点に到達する前に、「このまま行くと、くちばしが完成しそうだな。だったら買いだな」と考えます。

終値線と移動平均線が奏でる「五段階変化」

移動平均線だけの状態で分析したあとは、終値の状況をチェックします。そこで次に見るのは、移動平均線に「終値線」（日々の株価の終値だけを線で結んだもの）をプラスしたものです（図5-8）。

終値線を表示したものを見るときは、これまで5日線と20日線の関係で見てきた値動きを、終値線と5日線の関係で見ていきます。

図の上段チャートを見ると、終値線は①で下落から折り返して上昇に転じ、②で5日線とクロスしています。ここが直近の反発上昇の起点になっているわけです。

下落してきた株価が上昇に転じるとき、まず最初に起こるのは図の下段に示したように、下向きだった終値線が「折れて反対方向」に向かう瞬間です。これを第一段階とすると、次に上にある5日線にぶつかるのが第二段階、5日線を越えたら第三段階、さらに上にある20日線にぶつかったら第四段階、20日線を越えたら第五段階となり、

図5–8 終値線も表示して値動きの変化を見る

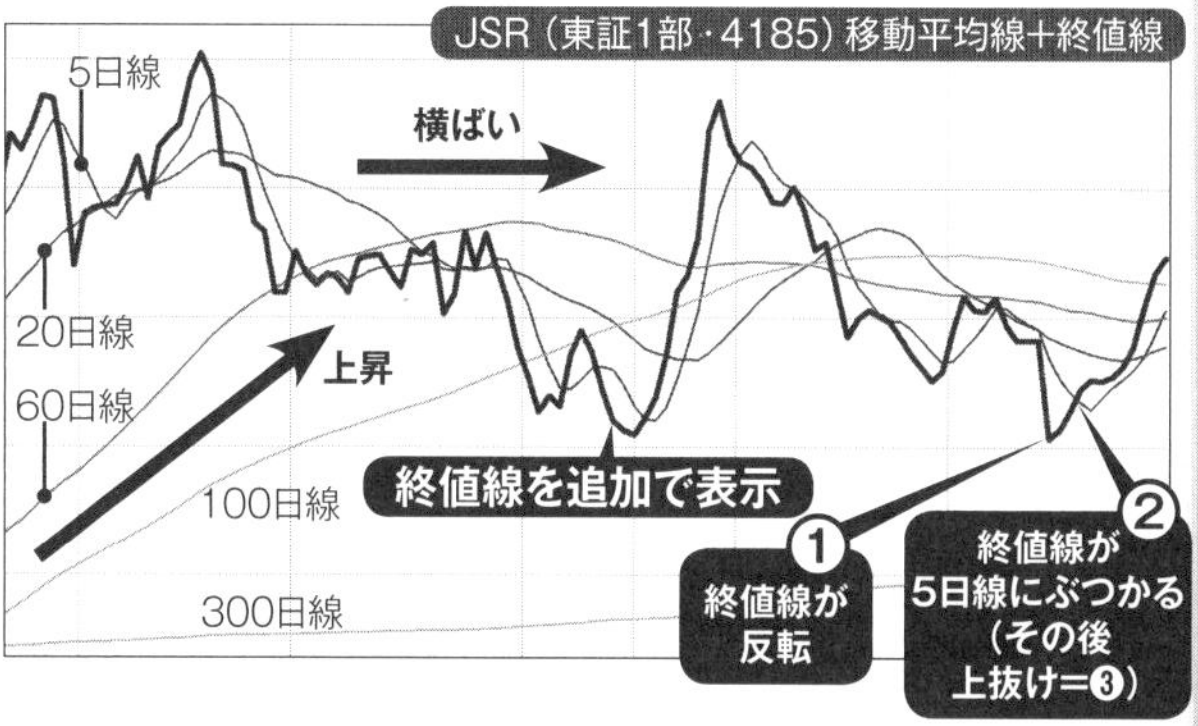

相場式・株価の五段階変化

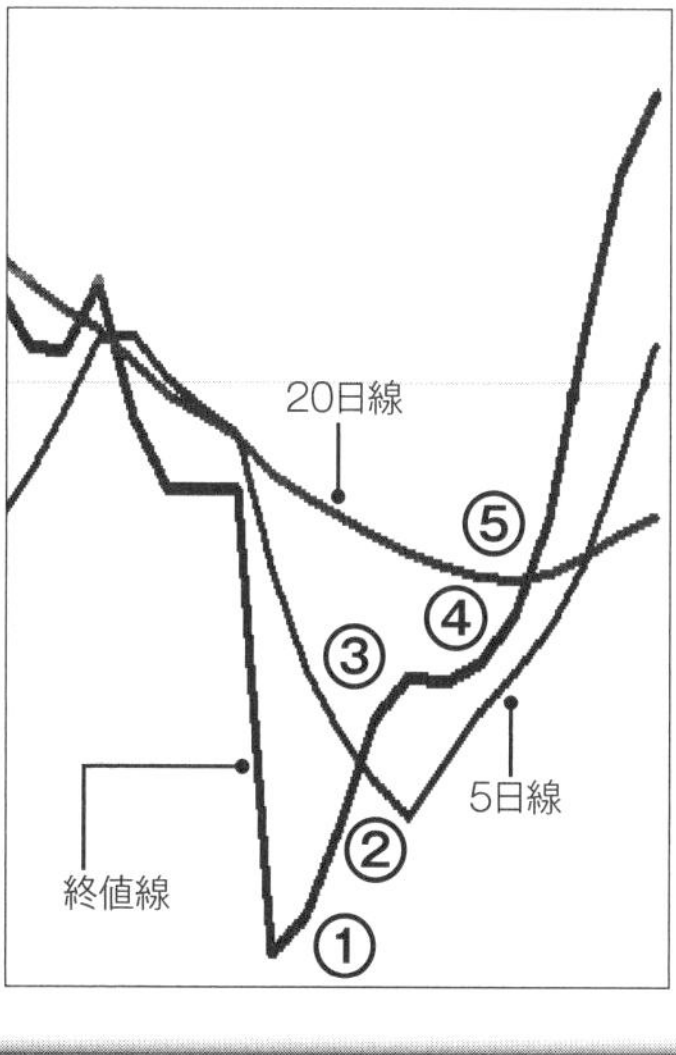

株価が下がっている状態から上がるまでのプロセス

①終値線が折れて上向く
②終値線が5日線にぶつかる
③終値線が5日線を越える
④終値線が20日線にぶつかる
⑤終値線が20日線を越える

「そろそろトレンドが変わるんじゃないか」と疑い始めます。今はまさにその第五段階の状況です。この「株価の五段階変化の法則」(勝手に〝法則〟にしてしまいました)でいうと、前ページの上段チャートの②の時点は第二段階ということになります。私なら「ここで買えるんじゃないか」と考えます。

これまでの状況を整理すると、上昇トレンドがいったん小休止して横ばいモードに移行し、5日線、20日線は下向きの中、終値線が5日線に向けて上昇に転じてきました。だとするなら、終値線が5日線にぶつかって上に抜けた③の時点で底打ち反転が鮮明になり、多少は上昇するのではないか、と予想するわけです。

最後に初めてローソク足を見て種明かし

そんなことを考えながら、ここで初めてローソク足チャート(図5-9)を表示します。Aの時点が、図5-8で終値線が5日線にぶつかって上抜けた②→③にあたるのですが、陽線が体半分以上、5日線を上に抜けているではありませんか! 相場式

図5−9 **ローソク足も表示して実際に売買**

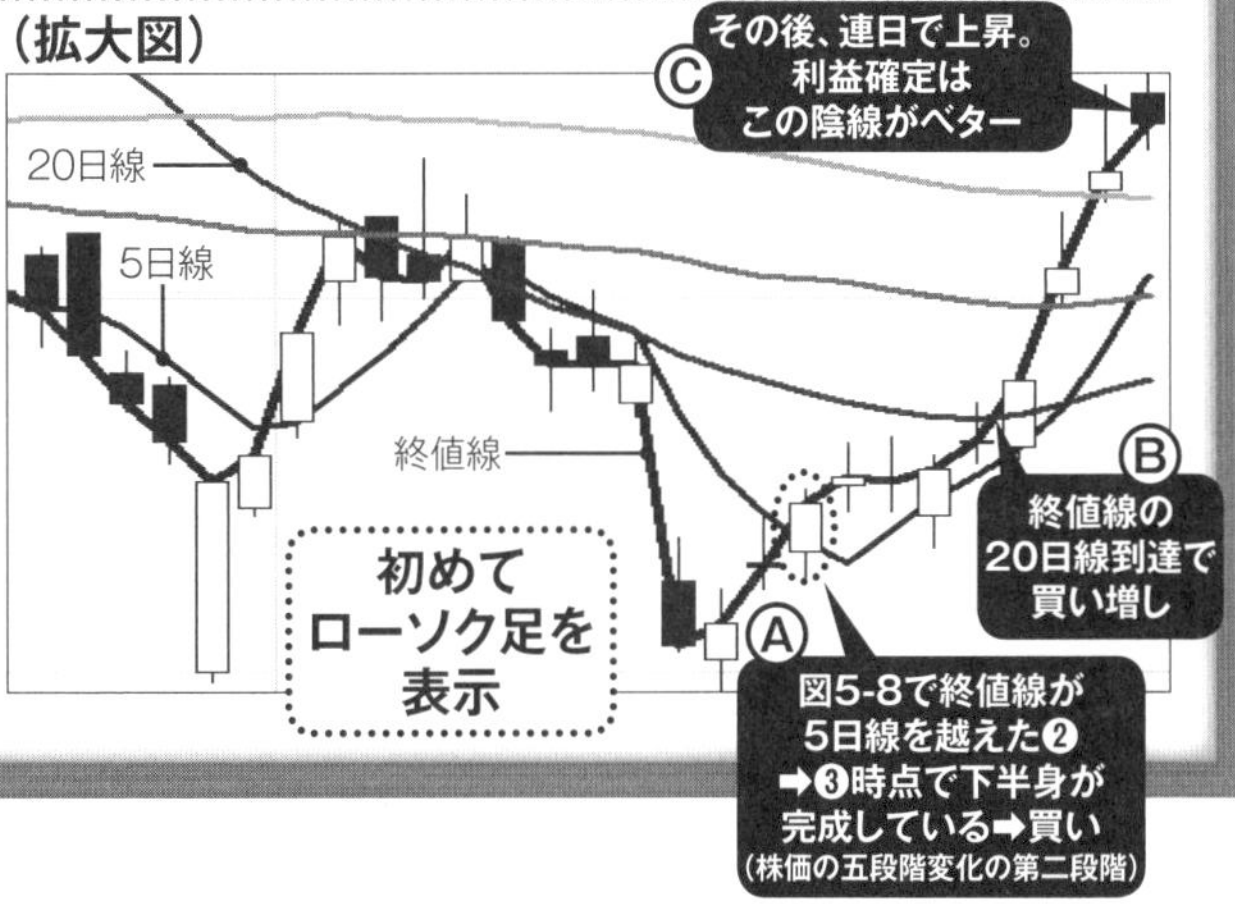

では「下半身は買い」ですから、ここでまず買いを入れます。

そして、先ほどの「株価の五段階変化の法則」でいうところの第四段階（終値線の20日線到達）が、図5-9ではBになります。ここで、買い増しをしてもいいかもしれませんね。

図のローソク足を見ればよくわかりますが、Aの時点で買えれば最高ですが、Bの時点で買ったとしても、ちゃんと値幅をとることができました。

利益確定のタイミングは、上昇しているものの終値線の上で陰線が出ているCの時点が望ましいでしょう。

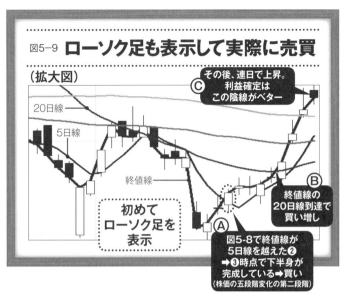

このように、とにかく「見ないものは見ない」ことで「見えてくるもの」があるのです。

もう一度いいます。「見ないものは見ない」ようにして、まずは移動平均線だけを表示する。そして、「買いか売りか」「買うならどこで買えるか」をとことん考える。次に終値線を表示して、「じゃあ、どのあたりで取引するか」、照準を絞ってさらに考える。最後の最後にローソク足を表示して、実際にどこだったら買えるかを検証してみる。

この練習法を何度も繰り返せば、トレードはどんどんうまくなりますよ！

相場'sまとめ
20日線を表示しただけで、5日線がどこを動いているかわかるようになる。それぐらい練習しましょう！

第6章

株の売り時がわかる相場式シグナル

7の法則
株価の節目
直近高値ブレイク
トライ届かず
バルタン

移動平均線に「目印」をプラスすれば最強！

相場式では「下半身」で買い、「くちばし」で追加で買い、「ものわかれ」でさらに買い増し、というように、独特な名称のわかりやすい売買シグナルを組み合わせてトレードを繰り返していきます。

そんなトレードに振りかけるスパイスとして、私が重要視しているのが、株価の動きを予想できる〝目印〟です。

この章では〝目印〟について、たっぷり解説します。

「下半身」「くちばし」「ものわかれ」などが、株価の勢いの初動を感知しやすい〝シグナル〟であるのに対し、この章で紹介する〝目印〟は、株価の転換点を察知できるので、買い時はもちろん利益確定や売り時を見極める際にとても有効です。

これまでにも述べてきましたが、株価というのは買う人と売る人がいて「いくらなら買う」「いくらでないと売らない」といった交渉を経て決まっていくものです。

つまり、株価の裏には、その株を取引する投資家という人間がいるわけですが、人間というのは感情や欲望に支配されているので、その行動パターンにはある周期性やクセがあるものなのです。

そういった行動パターンに着目し、〝人間サマ〟が売り買いすることで株価にこっそり刻印される〝目印〟を意識すると、暴れ馬のような株価もかなりの精度で予想可能になるので、注目しておくに越したことはないのです。

値動きの時間的なサイクル「日柄」を究める

人間は無意識のうちに1カ月や3カ月や半年、1年といった区切りを意識しているものです。

それは株式投資の世界にも色濃く反映されていて、株価の値動きは「正月になると上がって、春分の日の頃にピークとなり、夏に向かって下がる」といった季節性や、「上昇相場がまだ1カ月なら若く、3カ月目で最盛期を迎えて6カ月もたつとさすがに衰える」といった時間的サイクルに不思議と支配されています。

相場式株式投資法で重要視するのは、まず「3カ月」「6カ月」というサイクルです。

ある銘柄がずっと下げてきたあと、ようやく底打ち反転して上昇を始めた——としましょう。1カ月目はまだ手探りの状況ですが、2カ月目、3カ月目になると、「おいおい、この上昇は本物だ」と、投資家の関心も集まり、株価は勢いよく上昇していきます。

その上昇は4カ月目、5カ月目に入っても続きますが、この頃になると1カ月目、2カ月目の初動段階で買っていた投資家が「そろそろ利益を確定してもいいかな」と売り決済することもあって、相場も乱高下しがちになります。

「そんなことはない、まだまだ上がるぞ」となおも株価は上がっていった場合は6カ月後ぐらいまでに最高値をつけるのですが、もうその頃には「いつ下げ始めるか」を睨《にら》んだチキンレースの様相となります。

「いくらなんでも上がりすぎだ、もうそろそろ利益確定したほうがいい」と、投資家が大挙して売りに回ると株価は大幅下落に転じ、こうして「ひと相場」が終わることが多いのです。

より小さな上昇相場、下降相場の場合は、6カ月ではなく、3カ月という期間がターニングポイントになりやすくなります。

なにかの材料がきっかけで株価が上がり始め（もしくは下がり始め）てから経過した日数や期間のことを、株式市場では「日柄」と呼びます。よく、株に関する記事などで「日柄調整」といった言葉が使われているのを目にしませんか？　これは、悪い材料が出てから株価が下がった日数のことです。

悪材料が出てからまだあまり時間が経過していない銘柄を指して「この銘柄は日柄調整が浅い」などと表現されます。まったく、株式投資の世界は、いちいち言葉の使い方が難しいですよね。そのまま、「悪材料が出てからあんまり日にちがたってないんだよね」と書けばいいのに……。

脱線してしまいました、話をモトに戻しましょう。

なぜ「6カ月」という日柄が大きな節目になるかの理由としては、あとで詳しく説明しますが、株の信用取引も影響しています。

信用取引には、保有したポジション(「建玉(たてぎょく、またはぎょく)」といいます)を決済しなければいけない期日があります。その期間は「半年＝6カ月」。そのせいもあって、6カ月という日柄がターニングポイントになりやすいのです。

図6-1の下段のチャートはNTTドコモの週足チャートですが、長期的な上昇や下落の時間的なサイクルに「3カ月」「6カ月」という日柄が、結構、大きな影響を与えていることがわかります。

つまり、「株価が上昇しました。その株を持っていて、どんどん儲かっています。でも3カ月が経過しました。ちょっと注意が必要です。なんとかまだ上がりました。ついに6カ月間も上がり続けて、かなり儲かりました」と〝節目〟になる6カ月が経過した地点というのはかなり要注意ということ。

欲張らずにいったん持ち株を整理するには絶好のタイミングになります。

逆に、「どんな上昇相場も下落相場も6カ月程度でいったん落ち着くもの。その後に起こる新たな株価の流れを狙うチャンスだ！」と、日柄を意識して株式市場に臨むことも大切ですね。

図6-1 時間的サイクル「日柄」を意識！

株価は3カ月、6カ月サイクルで動くことが多い

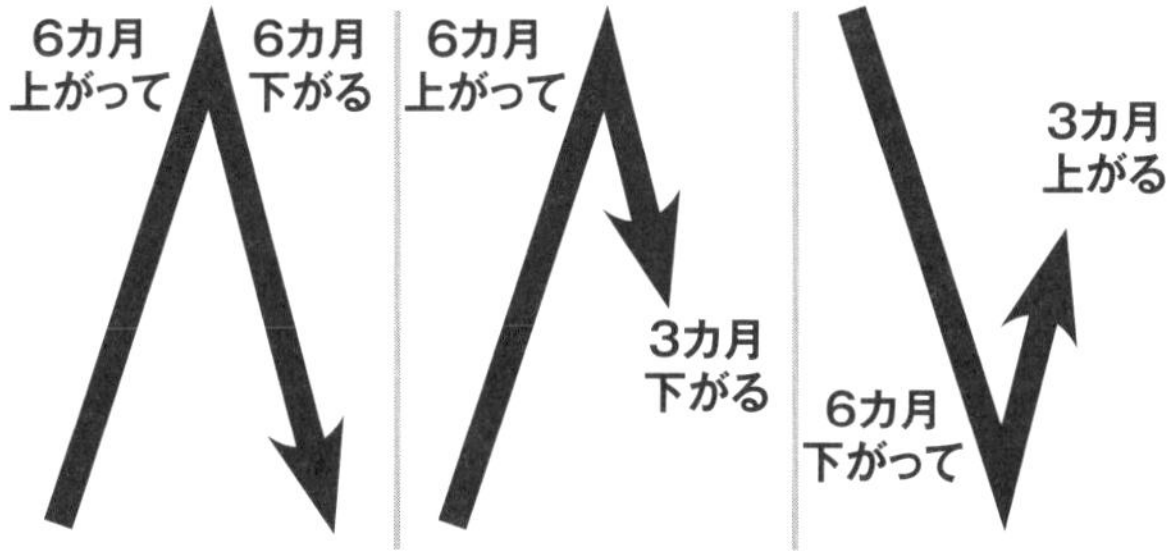

チャートを見るときも「3カ月」「6カ月」のサイクルを意識する

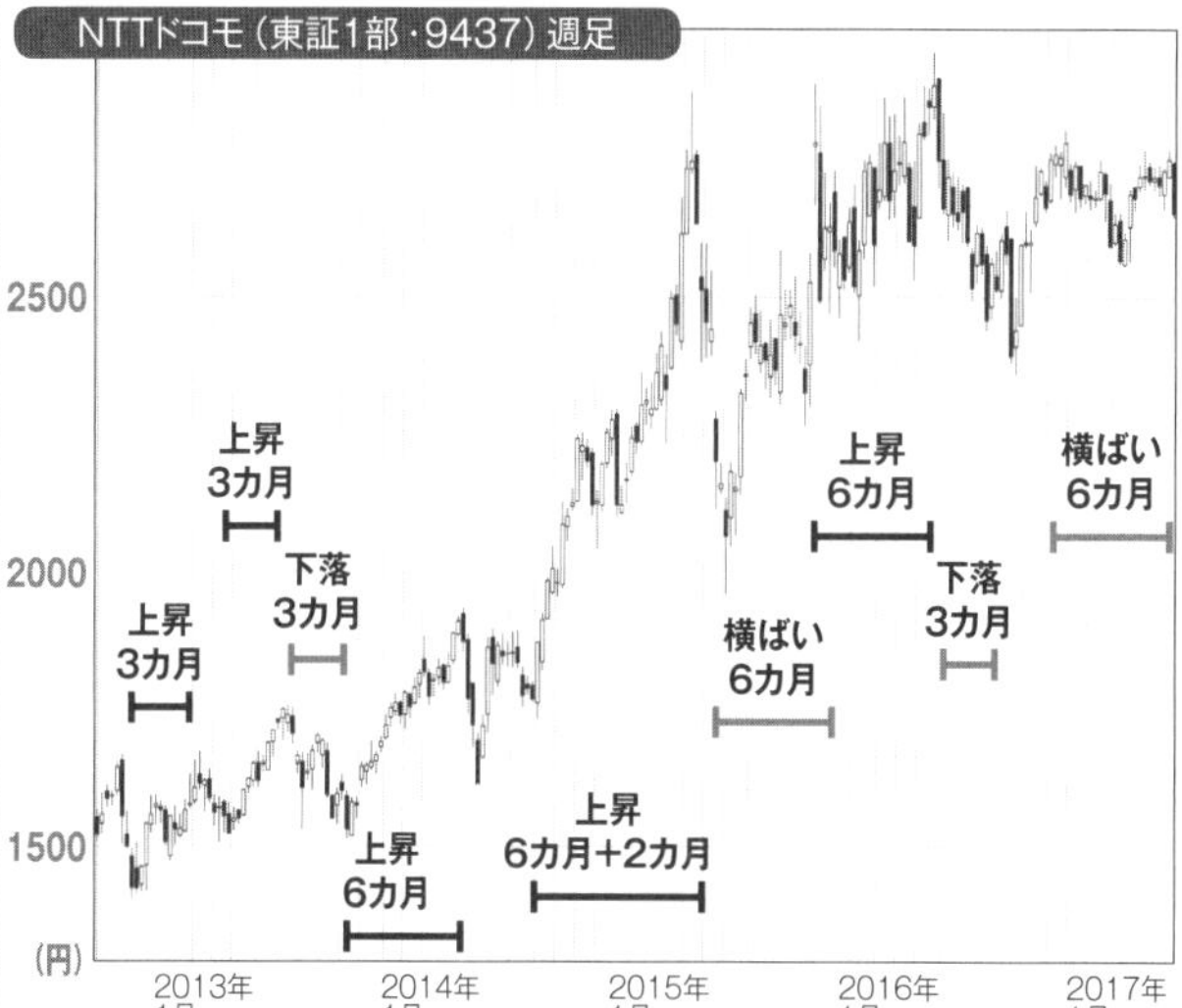

「7の法則」は攻めにも守りにも最強

より短期的な株価の上げ下げを考えるときにも「日柄」は重要です。相場師朗が実感している株価のリズムに「7の法則」があります。それは「どんな上げも下げも7日も続けばいったん小休止する」というもの。

株価は上げ下げを繰り返して動いています。これはどの銘柄のチャートを見てもわかることで、上場以来、株価が上がり続けて全然下がらない銘柄も、一直線に下がり続けてまったく上がらない銘柄も（その会社が倒産しない限り）ありません。

その背景には株価が上がれば下値で買った人が売り、株価が下がれば高値でカラ売りした人が買い戻す、といった投資家の行動があります。

「墓場まで株を持っていく人はいない」といいますが、墓場までどころか、「利益が出た株を7日以上持っている人は少ない」というのはあながち間違いではなく、株式市場の本質といえるでしょう。そのため、ワン、ツー、スリー、フォー、ファイブ、セ

図6−2 サイゼリヤに見る「7の法則」

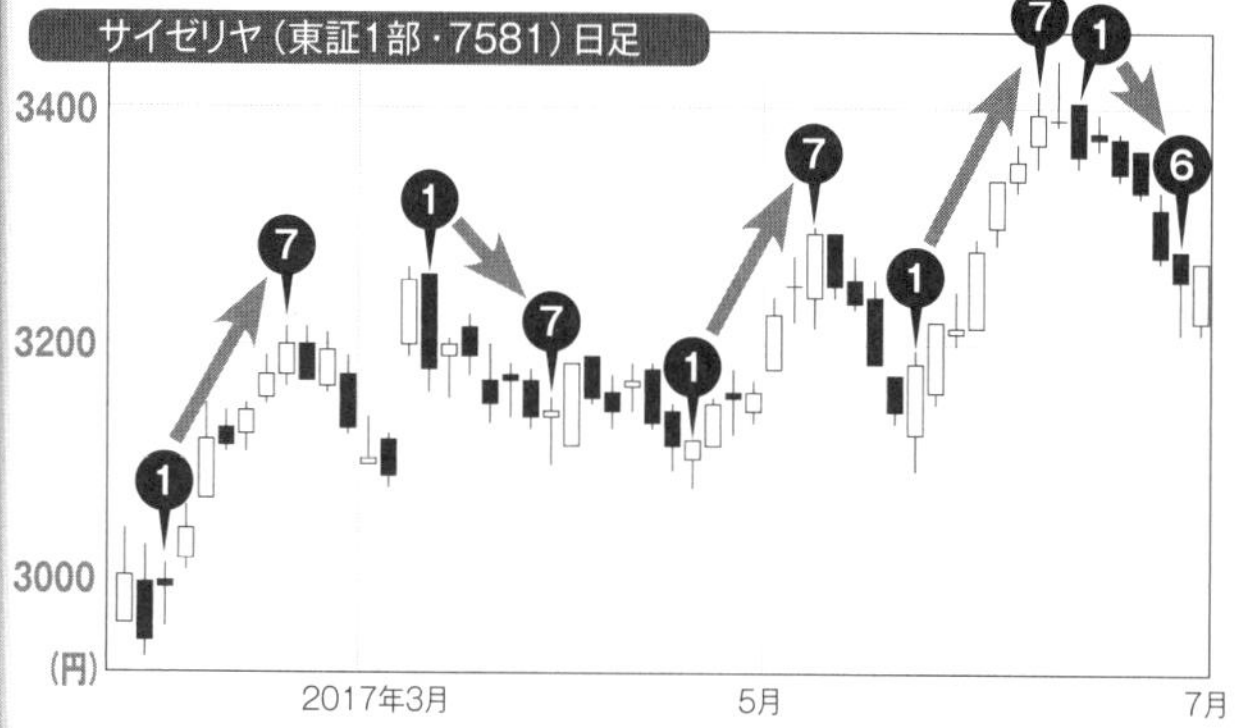

ックス、いやシックス……あたりになると株価はそれまでの勢いを失ってしまうものなのです。

ちょっとフザけてしまいましたが、真面目な話、私は「7日の法則」だけを使っても十分に勝ち続けることができる、食っていけると考えています。

図6−2はサイゼリヤの日足チャートですが、この銘柄はチャート上に7の法則がとてもよく出てくる銘柄です。一度、陽線が出て上昇したあと、終値が前日より上昇している期間を数えるとだいたい7日でその上昇が終わります。途中、たとえ陰線でも終値が前日より上昇してい

たら1、と数えて構いません。

私はサイゼリヤの値動きを約20年分見てきましたが、一番多いのは上げ、下げとも4日です。多くて5日、6日と続きますが7日間以上、上昇もしくは下落が続くことは、きわめて稀《まれ》です。図6-3でいうなら、①は上昇4日目で5日線をローソク足が陽線で体半分越えていますから「下半身」完成で買い。その後、法則通り②の陽線まで7日間上げて、8日目には案の定、③の陰線で下げています。「7の法則」を意識していれば、②の陽線で、より利益が乗った状態で売り逃げすることもできたでしょう。
④の陰線は「逆下半身」なのでカラ売り。このときは陰線4連続で終わりました。その後、上昇2日目にあたる⑤の陽線が「下半身」になっているので買うと、またもや⑥の陽線まで、法則通り7日間連続で陽線が続いています。翌日、⑦のローソク足は上ヒゲの長い寄引同時線（十字の形をした、始値・終値が同値のローソク足）で終わっており、やはり上昇が7日以上なかなか続かないことの〝模範解答〟のような値動きになっています。
次の⑧のローソク足は陰線となり、5日線を体半分以上、割り込んでいますから「逆

図6−3 「7の法則」を使った実戦売買

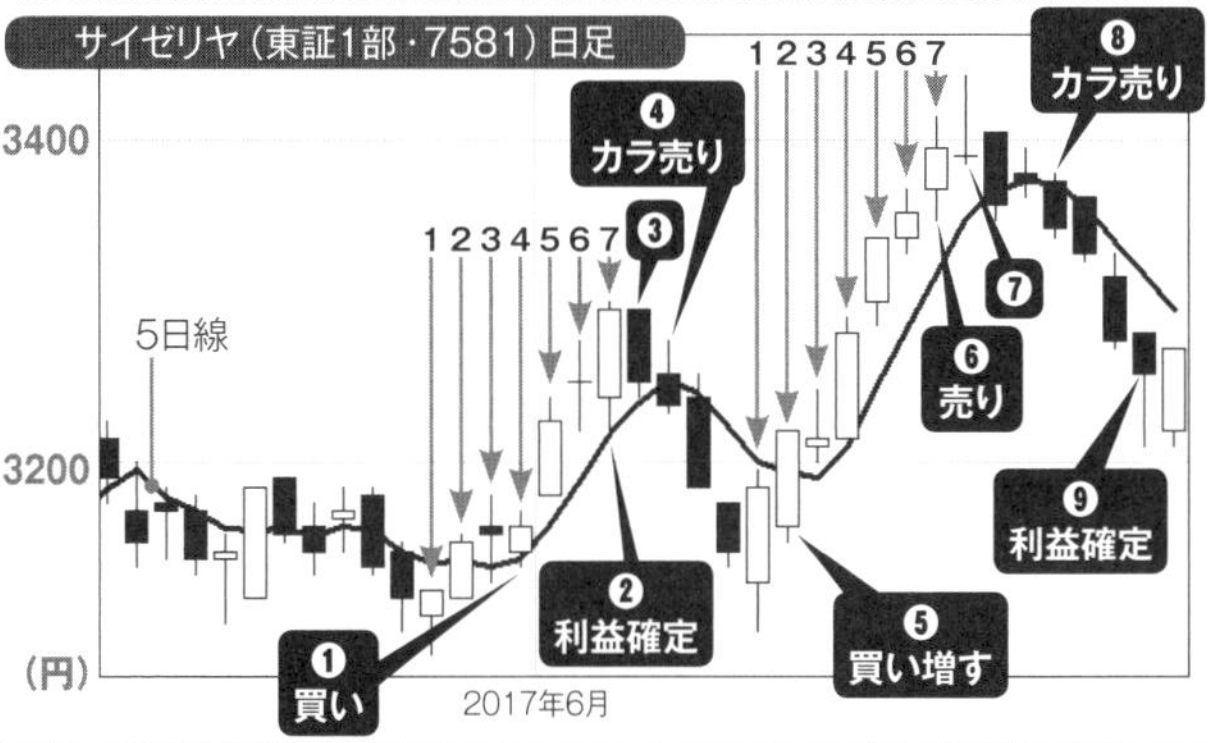

下半身」が完成。この日は下落が始まって3日目ですが、その後、下落開始から7日目に陽線が出現しています。「7の法則から考えれば、そろそろ下げも終わりだな」と予想して、この陽線が出る前の陰線⑨で利益確定してしまってもいい局面でした。

「7の法則」が非常に実用的なのは、「予想が当たって儲かっているけど、もう上昇し始めて5日目に突入しているから、そろそろ早逃げのタイミングだな」と欲張らずに利益確定できることにあります。

「どんな上昇・下落も7日以上続くことはめったにない」ということです。

週足、月足でも「7の法則」は使える

正直な話、5日線とローソク足だけを見て「下半身」で買い注文（または「逆下半身」で売り注文）を出し、「7の法則」に従って利益確定を繰り返していくだけでも、かなりの額を稼ぐことができると思います。

「7の法則」で重要なのは、上昇にせよ、下降にせよ、1、2、3……と数えられる起点のローソク足をいち早く見つけることです。

「『7の法則』に従って上昇が始まったな」と判断できて、実際に買うことができるのは、2日目か3日目に出た陽線が5日線を体半分抜けて「下半身」が完成したところになります。

そう考えると、2日目に買えたとすれば、残された上昇期間は最大で5日間です。

このように上昇期間をあらかじめ「この程度だろう」と想定できることが「7の法則」のすばらしいゆえんなのです。

カウント方法は、上昇の場合、「前日より終値が下げたら、陰線のみならず陽線であっても、そこでストップ」となります。また、上値にあった下向きの移動平均線にぶつかって横ばいになったりしたときもカウントをストップします。

カウントをストップしたあとは再び上げの連続、下げの連続が起こるかどうか、様子見をしましょう。

実は、この「7の法則」は週足チャートでも通用します。

たとえば、週足で上がり始めて三本目の「下半身」で買い、「逆下半身」で売り、となったとします。そうすると7の法則からして、4、5週目ぐらいまでは行ける可能性が高い。週足で二本分といえば、5営業日×2セットで10日間になります。

つまり、あと10日間ぐらいは儲かり続ける可能性が高いので、日足以上に大きな値動きをとることができるというわけです。

117ページの図6－4はサイゼリヤの週足チャートですが、陽線や陰線が連続して出現した回数を数えてみると、日足チャートに比べて連続すること自体が少なく、3週連続が精いっぱい。ここ2年ほどで6週連続して同じ色のローソク足が出現したのは、チャート上の①と②のたった2回になっています。

「7の法則なのに全然7まで行かないじゃないの！」と苦情が来てしまいそうですが、週足チャートで同じ色のローソク足が連続して出現するのは、それぐらい貴重だということです。

週足チャートを使う場合、少しイレギュラーではありますが「5週移動平均線」を表示させると初動を見つけやすいですよ。陽線や陰線が連続して出るときの最初（もしくは2週目）はたいてい、5週移動平均線に対して「下半身」や「逆下半身」を形成しています。つまり、5週線を半分、反対側に突き抜けるようなローソク足が週足ベースで出現したら、その方向性が長めに続く可能性があるということ！

というのも、見ているのは週足チャートですから、一本のローソク足で5日分おいしい思いができるからです。週足ベースでの〝発見〟を頭に入れたうえで、日足ベースの「7の法則」にのっとって売買すれば、より精度の高い取引が行えるのです。

それは「7の法則」に限った話ではありません。

たとえば、週足ベースで株価が下向きの移動平均線にぶつかりそうになっていて、

図6-4 **週足チャートで見る「7の法則」**

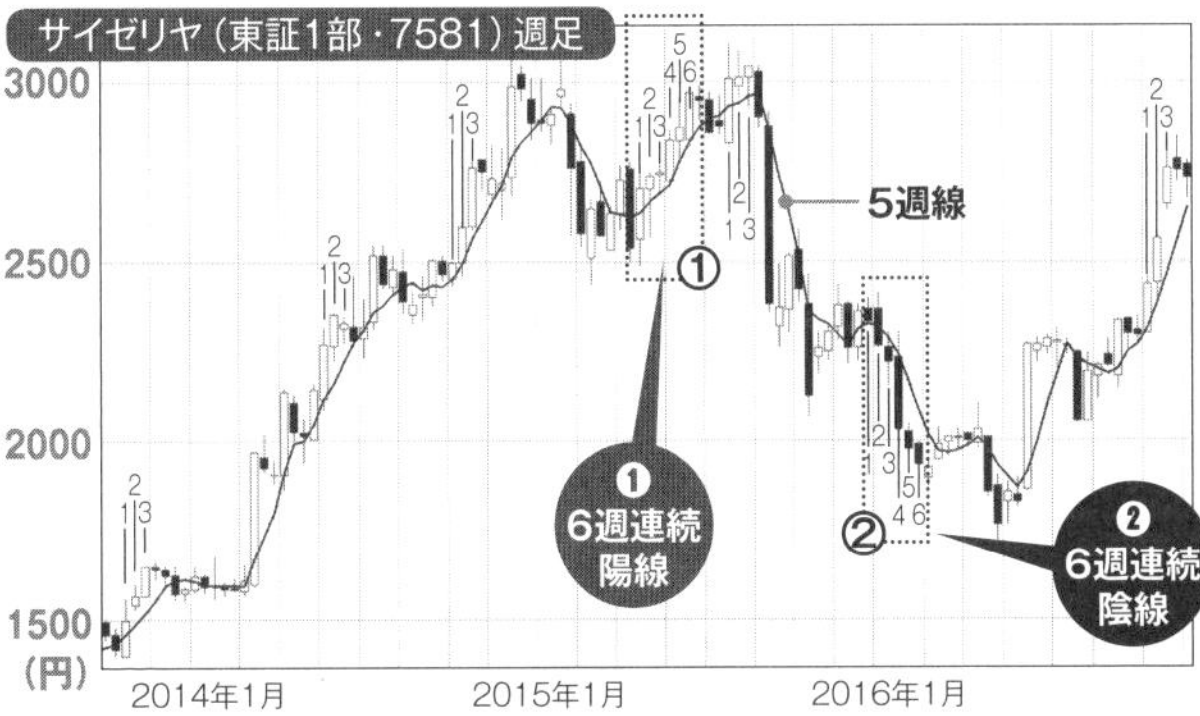

「これを上抜けするのは一苦労だな。むしろカラ売りで攻めたいな」というカラ売り候補の銘柄が見つかれば、日足チャートで実際に取引する際も確信を持って注文を出すことができます。

このように、週足ベースで出た貴重な売買シグナルで有望そうな銘柄を選び、そのシグナルの方向性に沿った売買ポイントを日足チャートに戻って見つける――という週足チャートの活用法は非常に有効です。

より大局的な時間軸の動きもわかったうえで日々、取引できれば、もう怖いモノなしといえるでしょう。

500円、1000円——株価の節目にも注目

「3カ月」「6カ月」や「7の法則」など時間的な目印も重要になりますが、株価というのは値段があって初めて取引されるものです。

そのため、300円とか500円とか1000円とか1500円とか、要するに〝キリのいい株価〟というのも非常に重要な節目になります。

たとえば、株価が下がってきて400円あたりで下げ止まって、その後、5日線を越えてきたら、「これはそろそろ底打ち反転するんじゃないか」と考えて、その準備に入ってもいい時期になります。

その前の下げが先ほどの「7の法則」にぴったり当てはまって、ワン、ツー、スリー、フォー、ファイブ、シックス、セブンまで来ていたら、なおさら反転上昇する可能性も高まります。

目先の値動きにとらわれていると、目まぐるしい変化に目を奪われて、キリのいい

株価といってもついつい忘れがちになるものです。

株価がずっと下げ基調の場合、「『キリのいい株価で下げ止まる』とかいわれても、そんなのアテにならないだろう」とついつい熱くなってしまうこともあるでしょう。

でも、500円とか1000円といったキリのいい株価って、あとから見ると、本当に株価の節目、下げ止まりや上げ止まりのポイントになりやすいものなんです。特に、キリのいい株価の前後でこれまでの値動きが止まったり、スピードや動き方に変化が生まれたら「あ〜やっぱりな」と腑《ふ》に落としていただきたい。

スーパーで1円、2円の差を気にしている世界と株式市場はまったくの別物です。キャベツの値段はめまぐるしく変化したりしませんが、株価は経済状況や投資家の売買により刻一刻と変わります。値段なんてあってないようなものなのです。

「値段があって、ないような世界」ではありますが、投資家だって人間（最近はシステム売買もありますが）。やはり100円や500円、1000円といった〝大台〟はついつい意識して、取引してしまうのです。

120ページに日経平均株価の推移と株価の節目を紹介したのでご覧ください。

図6–5 「キリのいい株価」と日経平均の節目

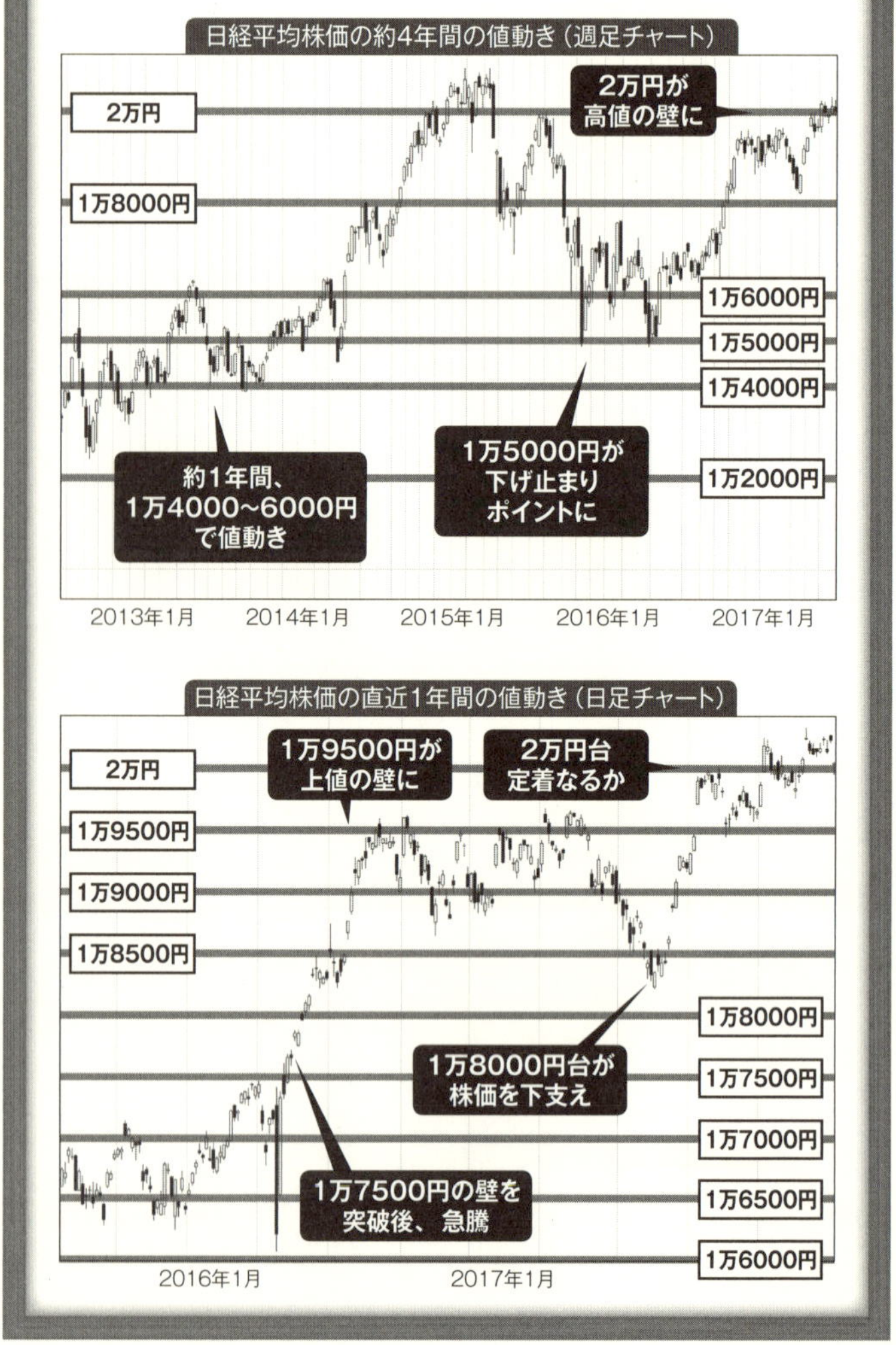

前の高値・安値を究める

相場の大局観を養う意味で「キリのいい株価」はとても重要ですが、それ以上に投資家の〝フトコロ事情〟という観点からも注目しておかなくてはいけないのが「直近の高値・安値」です。

上昇トレンドというのは、株価がジグザクに上下動しながらも全体として見ると右肩上がりになっている値動きを意味しています。その状態が生み出されるためには、株価が前の高値を越えて新たな高値に到達しないといけません。また、前の安値まで下がらず、下値を切り上げて上昇していく必要があります。

反対に下降トレンドというのは、高値と安値がどんどん切り下がって、株価が右肩下がりになっている状況です。

株価が横ばいで推移するボックス相場の場合は、前の高値を上回ることができず、かといって、前の安値も下回らずに、ある一定の値幅内（「レンジ相場」ともいいます）

を横ばいで推移していきます。

株価の流れをつかむためにとても大切なのは、上昇か下降か、それとも横ばいかというトレンドを意識することです。その意味でも前の高値・安値というのはチャートを見るとき、必ず意識しておかないといけないポイントになります。

当然、前の高値近辺では、そのあたりで高値づかみして株を買っていた投資家の売りなどもあり、株価がその戻り売り圧力を跳ね返して上昇するのが難しくなります。逆に前の高値を抜ければ、直近ではその高値より上で買った投資家はいません。となると、含み損解消で売りに走る投資家も少なくなるので、株価は売り圧力がなくなって上昇しやすくなります。「直近高値ブレイク」というのは株価が勢いよく上昇する号砲になりやすいのです。

逆に前の安値を抜けてしまうと、その安値近辺で買って、これまでなんとか含み益をキープしていた投資家も含み損を抱えるハメになります。安値近辺で買った投資家の投げ売りや新たにカラ売りする投資家の参戦もあって、株価は勢いをつけて下がりやすくなります。前の高値・安値に関する考え方をまとめると、以下の通り。

図6–6 過去の高値・安値は節目になりやすい

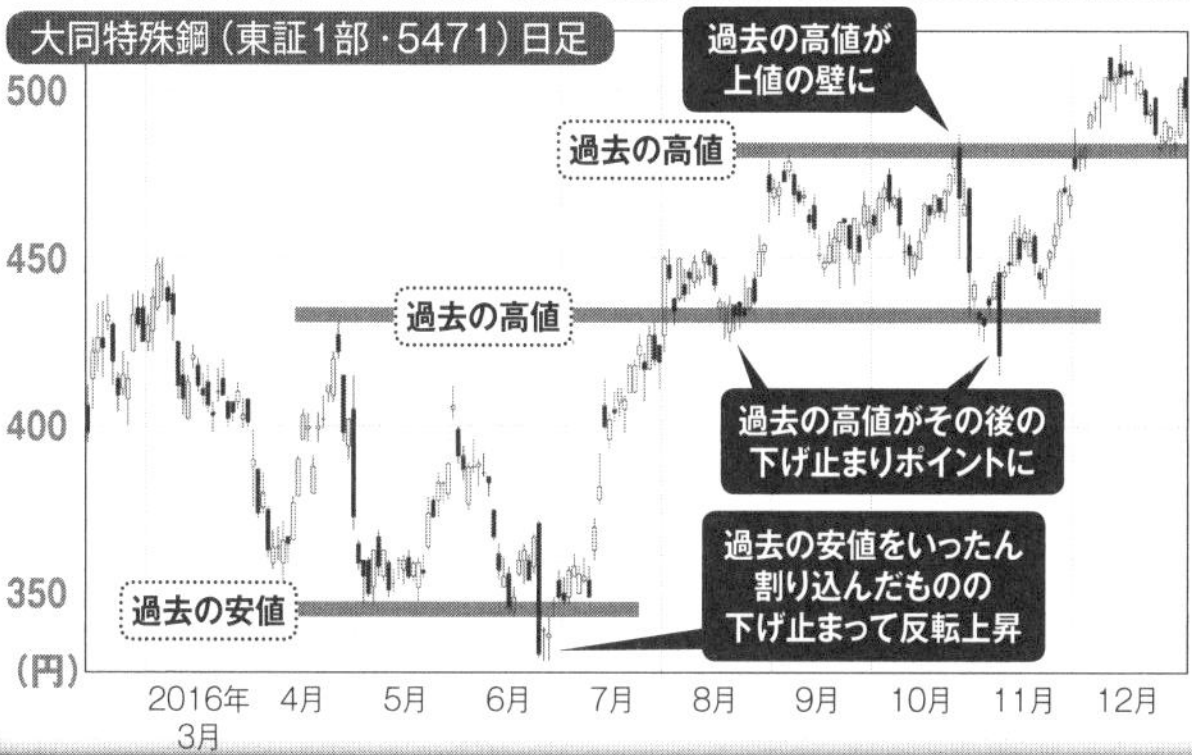

「前の高値はその後の上昇を阻む壁になりやすい。ただし、いったん、その高値を抜けたあとは下落を防ぐクッション役に早変わりする」

「前の安値はその後の下落を止めるクッション役になりやすい。ただし、いったん、その安値を割り込むと、上昇を阻む壁になりやすい」

図6－6のチャートでも、過去の高値や安値で株価が止まることが多いのがわかります。また前の高値をいったんブレイクすると勢いよく上昇しています。特に「前の高値・安値」がキリのいい株価だったりすると、その威力は絶大です。

「トライ届かず」というシグナルもある

前の高値・安値に気を配るのは、その高値・安値を抜けると株価に勢いがつきやすくなるからです。とはいえ、前の高値・安値を抜けきれず、まるで透明バリアにぶつかったように跳ね返されるケースのほうが実は多いもの。抜けるのが3割、抜けられないのが7割と考えてもいいぐらいです。

つまり、「前の高値・安値を抜けて勢いがつく〝飛び出せ青春〟のような動き」以上に、「前の高値・安値にトライしたものの、挫折して元の方向に戻る動き」は儲けの種になるということ。私、相場師朗はそうした瞬間を「トライ届かず」と呼んでいますが、ほろ苦い青春の挫折の瞬間といえるでしょう。

前ページの図6-6にも前の高値を越えられず下落する値動きがありましたが、125ページの図6-7は高値圏にあった株価が前の高値を越えられずに「トライ届かず」が完成。その後、株価が急落しているサンプルです。

図6–7 終値線で見る「トライ届かず」

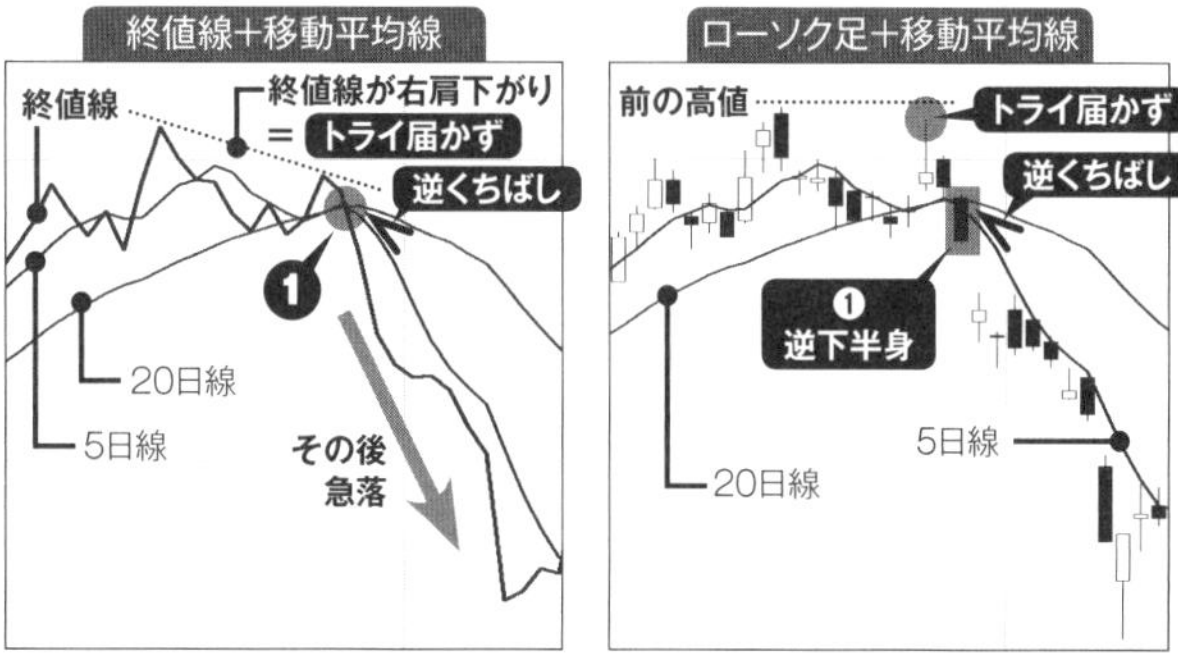

終値線+移動平均線
終値線
終値線が右肩下がり
= トライ届かず
逆くちばし
❶
20日線
5日線
その後
急落
ローソク足+移動平均線
前の高値
トライ届かず
逆くちばし
❶
逆下半身
5日線
20日線

この値動きをローソク足を消して「終値線」だけで示したのが左側のチャートです。終値線でも、高値と高値を結んだ線が右肩下がりになり「トライ届かず」が完成。さらに終値線チャートでは❶の時点で終値線が5日線を下回り、5日線と20日線の「逆くちばし」も完成しています。

これは売りだな、とピンと来て、ローソク足（右側のチャート）を表示してみると、案の定、①では「逆下半身」が完成しています。このように終値線と移動平均線だけを大局的に見たあと、実際のローソク足チャートで具体的な売買ポイントを探すのが相場流です。

終値線の「バルタン」「逆バルタン」に注目

終値チャートにも、とっておきの相場式売買シグナルがあるので、ご紹介しましょう。私、相場師朗は50代。今の若い人にはわからないかもしれませんが、『ウルトラマン』を観て育った世代です。その『ウルトラマン』にものすごく強い宇宙人が出てきて、「フォッフォッフォッフォッ」と鳴くのですが、終値線チャートを見ていて、その宇宙人のシルエットがたくさん出てくることに気づいたのです！

宇宙人の名前は「バルタン星人」。ちょうど、図6－8に示した5日線の動きとそっくりの二本のツノを生やしているんです。そこから名づけた終値線チャートのシグナルが「バルタン」、「逆バルタン」です。

「終値線が相場の天井圏で上がって↓下がって↓上がって↓下がる『M』のような二本のツノを生やした形になると、相場が反転下落する前兆＝バルタン」

「終値線が相場の大底圏で下がって↓上がって↓下がって↓上がる『W』のような形に

図6−8 **終値線の「バルタン」「逆バルタン」**

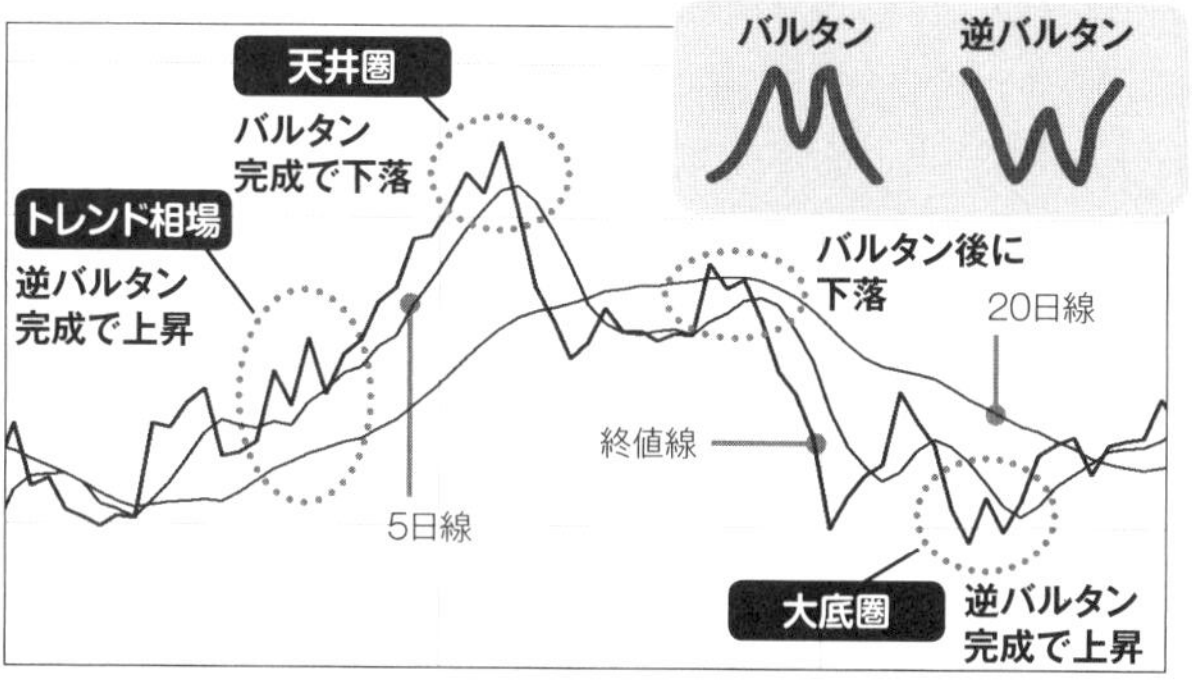

なると、相場が反転上昇するシグナル＝逆バルタン」

となります。「バルタン」「逆バルタン」はある意味、株価が上がって→下がってを繰り返して、上に行こうか下に行こうか迷っている状況。迷いが吹っ切れたあとは激しい値動きになるので注目です。

トレンド継続中に「バルタン」「逆バルタン」が出ると、その後、迷いを振り払うようにトレンド方向に値動きが加速することもよくあります。

トレンド相場の初動段階には、こちらの加速パターンのほうが起こりやすいので、覚えておきましょう。

移動平均線の安値・高値にも注目！

値動きの目印として「前の高値・安値」が重要であることを解説しましたが、相場式株式投資法では、移動平均線が過去につけた高値や安値にも注目します。

特に、最も期間の短い5日線は、株価の動きに合わせて上下動を繰り返しやすく、だらだら下がって安値をつけたあと、いったん上昇して高値をつけて、また下がって安値をつける、といった〝うねうねした〟動きになりやすいものです。

その際、新たにできた5日線の安値が前の安値よりも下がっていれば下降トレンドが継続している証拠ですし、新たに安値をつけたものの、前の安値を上回っていたら値動きが意外に底堅く、反転上昇が継続するだろう……などと判断します。

さすがに終値線のような鋭角な動きにはなりづらいので、5日線で「バルタン」「逆バルタン」が発生するのは稀ですが、5日線の前の安値・高値に注目するとトレンド転換をいち早くキャッチすることができるわけです。トレンドが継続している間は、

図6–9 **5日線の高値・安値の更新にも注目**

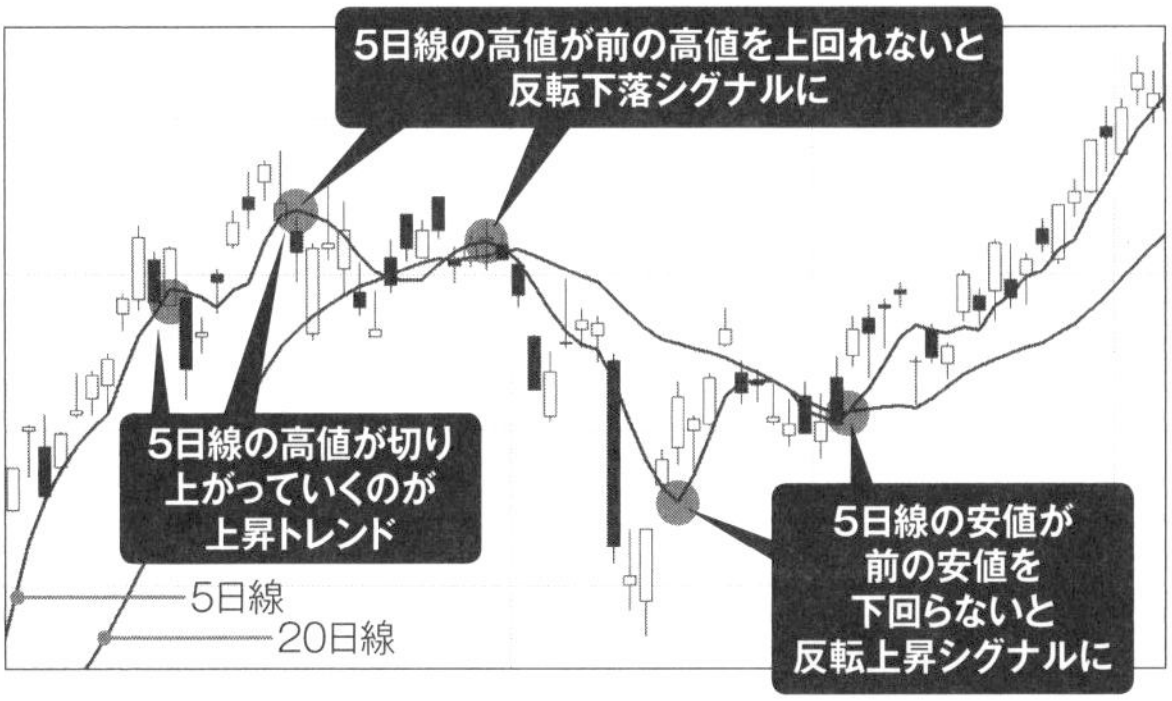

上昇トレンドなら5日線の高値・安値がともに切り上がり、下降トレンドならともに切り下がっていきます。

トレンドの最終局面では、

「天井圏で5日線の高値が切り下がってきたら反転下落シグナル」

「大底圏で5日線の安値が切り上がってきたら反転上昇シグナル」

となります。ちょっとした上昇・下落でも、「ここから先、さらに上がるか下がるか」はなかなか判断しづらいもの。そんなときは5日線の高値や安値の推移に注目すると、値動きの微妙な変化を事前に察知できるのです。

得意ワザは4つあればいい

第5章と第6章で相場式投資法の奥義といえる、さまざまなシグナルを見てきました。どのシグナルも、株価プロレスのリング上ならジャイアント馬場やアントニオ猪《いの》木《き》からでもギブアップがとれる(!?)株の必殺ワザです。

普通はひとつ教えるたびに1000万円ほどいただいているところ(嘘です)、「持ってけ泥棒!」ではありませんが、本書では惜しげもなくすべて公開しました。「下半身、逆下半身」や「高校生タイム」なんて、ちょっと口にするのも恥ずかしいようなネーミングが「秘伝」や「奥義」の雰囲気を醸し出していませんか?「くちばし」や「バルタン」の猛獣使い的な雰囲気も素敵です。

「ものわかれ」は哀感たっぷりですし、逆に「逆N大」なんてちょっとリアルすぎてすぐ覚えてしまうでしょう。ワン、ツー、スリー……のあとの「7の法則」もとても重要ですし、節目や過去の高値・安値も基本中の基本です。

ただ――かなりわかりやすく、くだけた表現にしていますが、初心者の方がすべてのワザを完璧に使いこなすには10年はかかるでしょう。それぐらい、ひとつひとつのシグナルを突きつめていくと奥が深いのです。

いずれにせよ、人間には得意、不得意があります。まずは、今まで紹介したシグナルの中から、ひとつだけでもいいので、得意ワザを身につけることから始めましょう。「自分は『下半身』が得意だな」と思ったら、株価が5日線を陽線できれいに抜ける「下半身」シグナルだけを狙って、株価上昇の初動段階を短期でとっていくだけでも、お金に困らない老後を送ることができるでしょう。

やっぱり「高校生タイム」で上昇トレンドが順調に続いているときだけを狙うつもりなら、それほどリスクもなく、上昇相場のおいしい部分をちゃっかり利益に換えることができるでしょう。

まずは、ひとつの得意ワザを徹底的に究めて、実戦取引でも月2回ぐらい、そのワザで儲けられるようになることを目指しましょう。それができるようになったら、まだ実際のお金はかけないで、もうひとつぐらい、新たなワザをバックグラウンドでテストしてみます。

相場式の練習用参考銘柄は巻末に掲載してありますが、JPX400や日経225の採用銘柄など、出来高が多くて値動きがこなれた株のチャートを丹念に見ていけば、お教えしたさまざまなシグナルが今、まさに出ている銘柄が必ずあります。そうした銘柄を探して、練習しまくる日々を送ってください。

得意ワザは1~2個あればプロでも十分です。野球選手のイチローだってボール球には振りません。イチローがイチローになれたのは、どんな球でもヒットにできるからではなく、むしろ、自分がヒットにできる球だけを選び抜いて打って、実際にヒットにしてきたからです。

つまり、スポーツも株式投資も生涯の伴侶を選ぶときも、「選択眼」というものがとても大切、ということなんですね。

私のセミナーを受講して、株式投資に開眼した投資家のお手紙をご紹介しましょう。

「『N大』または『くちばし』と『下半身』またはその変形を組み合わせるのが一番の特技になりました。この2カ月は全勝しています」

すごいじゃないですか、私の弟子！

私のセミナーを手伝ってくれているスタッフの女性はまだ「ひよっこ」レベルの初心者ですが、「トレンドが転換したあとにいったん『ものわかれ』シグナルが点灯したところはグッと我慢。そのあと、『N大』か『逆N大』が発生したところで取引するのが得意になりましたぁ～」と、ピヨピヨ声で語ってくれています。

株のトレーディングを好きになろう

私が株の売買シグナルにトンデモネームをつけて、値動きをおもしろおかしく解説するのは、純粋に株価の動きを楽しんでいるからです。

株価の動きは本当におもしろい！

アカデミー賞クラスの名場面もあれば、ホラー映画のような暴落、あるいは青春映画のようなほろ苦い挫折もあり、相場師朗にとってみたら、値動きそのものがエンターテイメント。もう、愛おしくて、愛おしくて、しょうがないです。

株式投資をする理由は確かに単純に「お金を増やしたい」ということかもしれません。

でも、株がうまくなって一流の株職人になるためには、やはり株のトレーディングのことを大好きになったほうがいいと思います。

この場面が買いなのか売りなのかを予想できることが、うれしくてうれしくてたまらない。その方法を教えてくれた人（相場師朗）に誕生日プレゼントを贈りたくなってしまうぐらい株のことが大好きになる、それが株式投資上達の一番の秘訣です。

相場'sまとめ
売買シグナルのひとつだけでも究めれば生活費が稼げます。四つ究めれば一生安泰。死ぬまで稼げます。

第7章

上げ相場のトリセツ

～答えを先に見る、逆転投資法なら簡単～

上昇相場をとるための極意

初心者の方にとって「株は買うもの」です。

株を買って儲けるためには株価が上がらないと始まりません。100円で買ったものが101円になり、102円になり、いつの間にか200円になり……という株価の上昇が、株を買って儲けるためには絶対に必要です。

では、どういう状態になれば〝完璧に〟株は上がっているのでしょうか?

これまで見てきたように、ローソク足と移動平均線の5日線、20日線、60日線、100日線、300日線すべてが右肩上がりで、しかも、ローソク足>5日線>20日線……と300日線まで上から順にきれいに並んだ状態が完璧な上昇局面です。

相場式では、まず「結果」や「答え」から入って、「原因」や「問題」を逆算していく手法で、買い取引を仕掛けるポイントを探していきます。

想像してください、株価が上がっている状況を。想像してください、そのとき、移動平均線はどういう向きと並びになっているかを。株で儲けるためには、とにかく妄想ではなく、想像することが大切なんです。

「すべての移動平均線が上向きで、その上を勢いよく株価が上昇している状態が上昇相場であり、買いで入れば大儲けできる」

ということは誰にだってわかります。

であれば、その状態に入る〝手前〟を発見できる人間になろうではありませんか！

「完成形」がわかれば、その直前、すぐ手前になったら株を買ってエントリーすればいいわけです。

つまり、答えがわかった状態で上がる前を導き出そうという考え方です。一種のカンニングです。どんな完璧な上昇相場でも、株価自体は暴れ馬のように上がったり下がったりします。それが私たちを〝変な気持ち〟にさせてしまって、「ひょっとしたら下がっちゃうんじゃないか」などと不安にさせ、チャンスを逃してしまう原因になるのです。

そういうときこそ、ドローンのごとく全体を俯瞰する〝神の視点〟を手に入れてください。まずは移動平均線だけを見て、全体の流れが下向きから上向きに転じる瞬間をひたすら探す。その後、株価や5日線だけが暴れて、一時的に下げたときがくるのを虎視眈々《こしたんたん》と待てばいいのです。

図7－1は日経平均株価の２０１５年8月から２０１７年5月までの値動きを移動平均線だけで表示したものですが、Ａのゾーンで株価が大幅上昇しているのは、移動平均線がすべて上向きであることから見て明らかです。

では、いったい、その前にどんなことが起こっていたか、時間をさかのぼるように検証していきましょう。「バック・トゥ・ザ・フューチャー」という言葉は株取引のためにあるのです。

移動平均線の並びに注目すると、３００日線以外の移動平均線が5日線＞20日線＞60日線＞１００日線の順番できれいに並んだのは、５日線が横ばいの３００日線越えに成功した①の時点です。

いわば①の時点からＡのゾーンの上昇相場が始まった、と考えていいでしょう。

①の時点では上向きの５日線が同じく上向きの20日線を越えて上昇。相場式では絶

図7−1 **移動平均線だけで見た完璧な上昇相場入り**

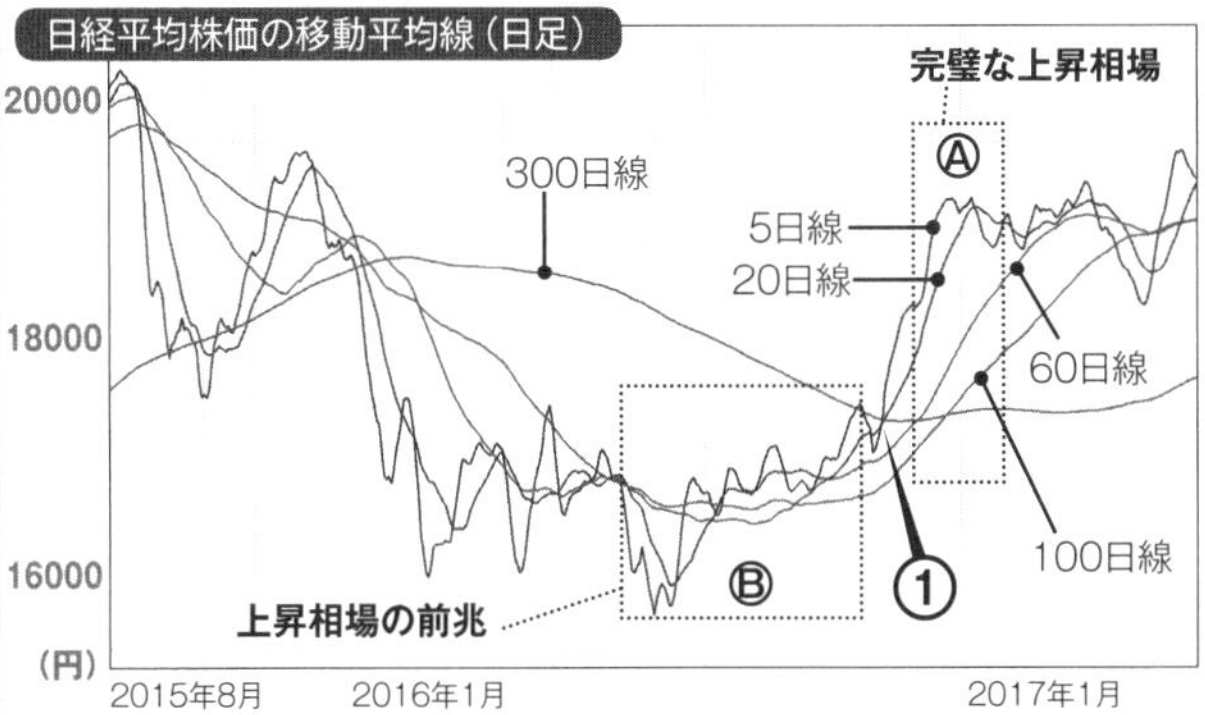

好の買いシグナルとなる「くちばし」も完成しています。

少なくともこの時点では、「今後、上昇相場が続くな」と察知して買いを入れておくべき局面です。上昇相場で一番大きく儲けるためには、「初動段階に乗る」のが一番です。①はまさに上昇相場の最初の段階といえました。

でも、もっと早く仕掛けることはできなかったのか？ そういう目でさらに過去をさかのぼっていくと、全体としてまだ移動平均線が横ばいで推移していたBのゾーンで実はすでに「上昇相場の前兆」が始まっていたことがわかります。

上昇相場が始まるためには、それまでの株価は横ばいか、下がっているかのいずれかしかありません。これは当たり前です。ただ、値動きの基本は「下がって→横ばいになって→上がる」ですから、上昇直前というのは「それまで下落していた株価が横ばいに転じて、もう下がらなくなった局面」であることが圧倒的に多くなります。

図7－2は先ほどの図7－1のBのゾーンを拡大したものですが、図の中でそれまでの下げ相場に明確な変化の兆しが現れたのは①の時点です。5日線の下値が切り上がって20日線を上に抜けただけでなく、20日線が上向きに転じています。きっと①の前後のローソク足はほれぼれするような大陽線で「下半身」が成立しているはずです。資金のある人はここで買いを入れてもいいでしょう。

とはいえ、下がっていた5日線が上昇に転じて20日線を越えただけでは、横ばい相場が終わったと言い切れません。

実際、その後の②の期間では、5日線が上下動を繰り返し、いったん上向きに転じた20日線も横ばいに逆戻りしています。20日線が横ばいで、その上下を5日線が心電図のように行ったり来たりするのは横ばい相場の典型です。ただし、②の期間の5日

図7–2 **移動平均線で見る上昇前夜の横ばい局面**

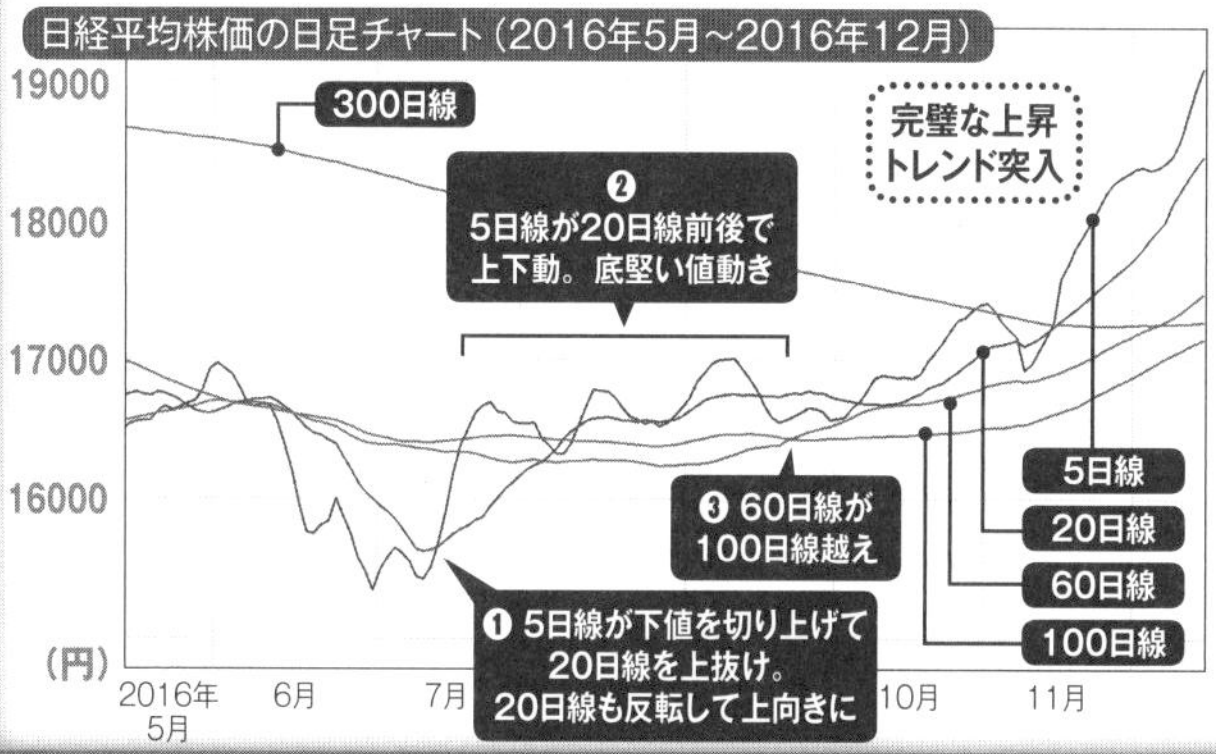

線は、もう①のあたりまで下がることはなく、それまでよりも高値圏で底堅く横ばいを続けています。

　こういう状況が続くと移動平均線に何が起こるか？　下げ相場で下向きだった60日線や100日線など、中長期移動平均線までもが横ばいに転じ、やがては上向き方向に転換してくるのです。

　実際、③の時点で上向きに転じた60日線が100日線を上抜け。100日線の上により期間が短い60日線が上向けてきたこの③の時点こそ、本格的な上昇トレンド突入の明確な前兆シグナルと考えることができます。

完璧な上昇トレンドの並びは上から株価、5日線、20日線、60日線、100日線、さらに願わくば300日線となりますから、「非の打ちどころのない安定上昇モードに入る前には必ず長・短移動平均線の並びが変化」します。

このことを頭に入れていると、60日線が100日線の下にあるときはまだ本格上昇にはならないものの、チャートを見て「60日線が100日線の上に出そうだな」と感じられるときは「もうすぐ本格的な上昇トレンドに突入だ！」と事前に予想できます。それが図7-2の②の5日線、20日線の横ばい推移であり、実際、③で60日線が100日線を上に抜けました。これこそが相場式の「こうなったらああなる」予想法です。

100日線の向きの変化を事前予想する方法

答えが見えた状態でチャートを3000回見て「練習、練習、練習」を重ねれば、「こうなったら、ああなる」だけでなく、「こうなるためにはどうなればいいのか？」もわかるようになります。

約半年間の株価の平均である100日線がまだ下向きであるということは、株を持っていて売りたい、と思っている人がまだ売り終わっていない証拠です。まだ上値では売りが出ているからこそ、現在の株価は100日前より安い。だからこそ100日線は下向きのままなのです。

そこから上昇トレンドに転換するためには、なんとしてもまずは60日線が100日線を越えてこないといけません。60日線が100日線越えを達成するために必要なことは何か？　それは、下向きの100日線が「寝てきてから、横ばい」になること。

では、100日線が寝てくるにはどうならないといけないか？　そのためには株価や5日線がもう大きくは下がらなくなり、少なくとも最安値から少し上あたりで横ばいの推移を続けていることが必要条件になります。

それがまさに図7－2の②の5日線、20日線の横ばい推移です。さらに株価がもう一段上げてくると、60日線が上向いて100日線を上抜けするだけでなく、100日線も横ばいから上向きに転換するだろうな、と予想することができるでしょう。

完璧な上昇トレンド入りの最も明確なシグナルは、株価と移動平均線の並びが上から順に株価＞5日線＞20日線＞60日線＞100日線になること。ならば、そうなる手前から紐解《ひもと》いていって、100日線を60日線が越える前から「次にくる上昇相場を狙っていこうじゃないか！」という考え方をするのです。

株価の居所から移動平均線の変化を読む

図7－3は先ほどの図7－2に〝待望の〟(!?)ローソク足を表示したものです。やっと普通の株価チャートをお見せすることができました。

今お話ししてきた100日線もそうですが、移動平均線が今後、上向くか下向くかを判断するときは、株価の位置に注目することも大切です。株価の推移を移動平均線にからめて見ていくと、「株価の居所が変わった」という局面に出くわします。

図のAのゾーンでは株価はずっと100日線の下にいました。でも、Bのゾーンではもう100日線の上に抜け出して、もう100日線を割り込まなくなりました。「株価の居所」が変わったわけです。株価にも〝生活圏〟があって、100日線の下で暮ら

図7-3 **ローソク足を表示して具体的な値動きを見る**

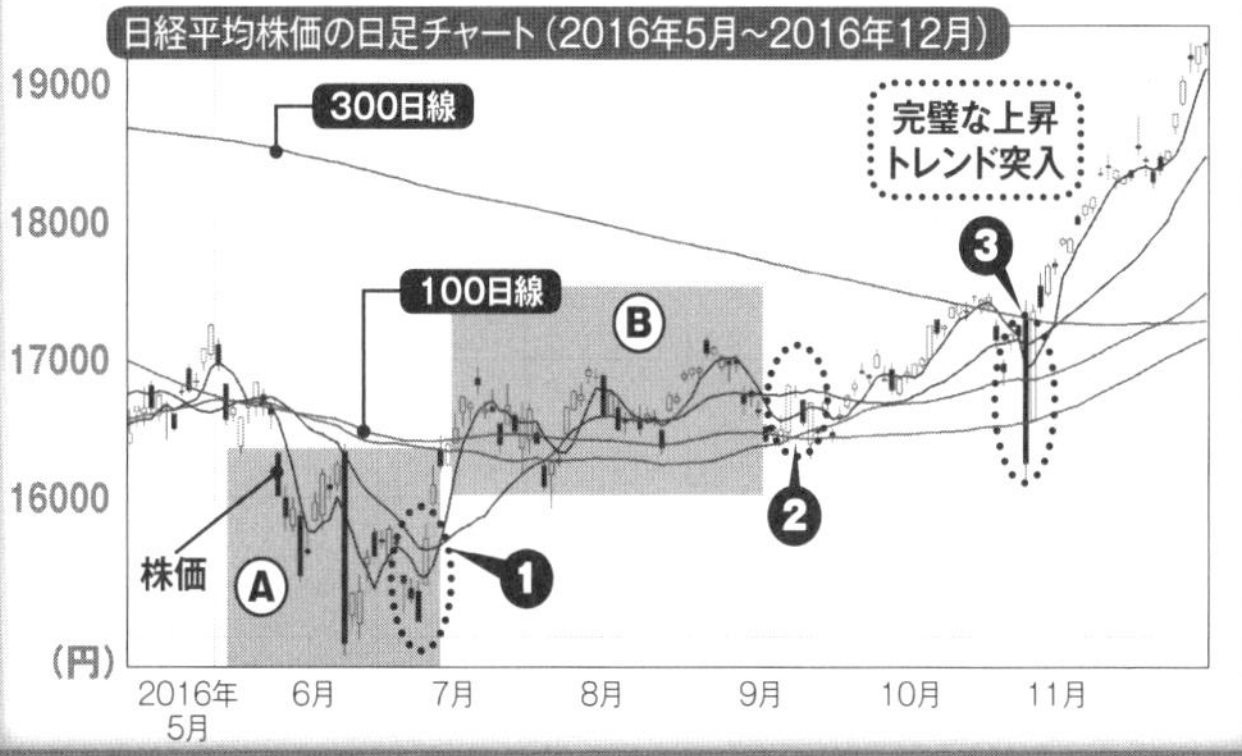

していた時代から、生活レベルが多少落ちても100日線の上に踏みとどまれるようになると、ようやく100日線自体が上向きに転じてくるのです。

さらにローソク足を表示すると、これまで見た上昇トレンド前夜の仕込み時である❶や❷、さらには本格上昇トレンド入りした❸の時点で、ローソク足が陽線で5日線を体半分抜ける「下半身」シグナルが出現していることがわかります。

「下半身」に幸あれ！　株価の流れが変化する局面には必ずといっていいほど「下半身」「逆下半身」が出現することを頭に叩き込んでおきましょう。

超長期の300日線にも注意を払う

同じ上昇トレンドでも「長いトレンドの中の上げなのか」、「長期的には下げている中での一時的な上げなのか」について見極める必要があります。

その際、役に立つのは約1年半の株価の平均を示した300日線です。

たとえ300日線が下向きだったとしても、これまで見た2015年から2017年の日経平均株価のように100日線が横ばいになれば、3カ月ぐらいは上昇が続きます。当然、その3カ月間は買いを入れ、上昇を利益に換えていくべきです。その上昇が、長期的な上昇が続いている300日線の上で繰り広げられていれば、「この上昇は本物中の本物」と自信を持って投資することができます。

そう考えると、300日線の向きや位置は季節にたとえることができますね。300日線が上向きで、株価（ローソク足）も300日線の上にあるなら、季節は春。気温が上昇するかのように株価も上がっていきます。300日線が下向きで、株価も30

図7–4 長期トレンドは300日線で判断

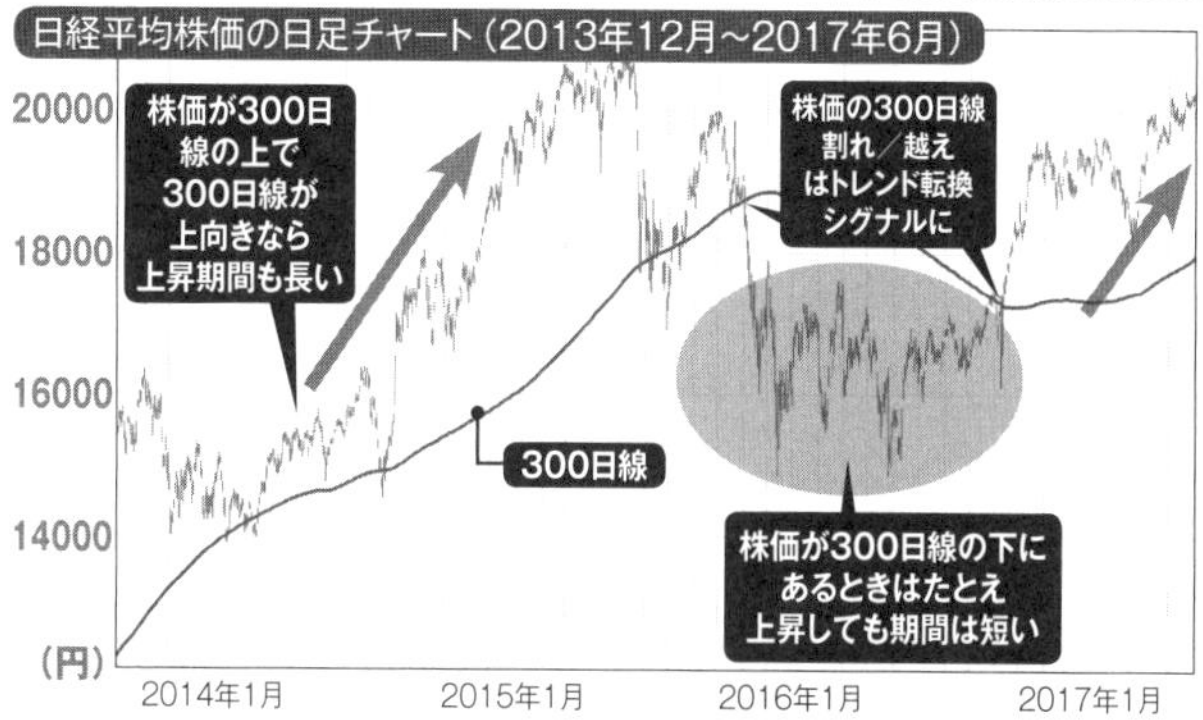

0日線の下にあるなら、たとえ上昇しても、すぐに〝寒く〟なってしまいます。

図7－4のチャートを見ても、株価が300日線の上にあるときと下にいるときでは上昇期間にも明確な違いがあることがわかります。300日線が上げている中の上昇だと、6カ月以上、上げ続けても不思議ではありません。反対に300日線が下げている中の上昇はせいぜい3カ月ぐらい。こういった局面では買いだけでなくカラ売りで下げをとる発想も必要になります。

300日線が示す季節感というのが、株価のトレンドです。私たち日本人が四季の中で暮らすように、投資家はトレンドの中でしか投資できないのです。

「大相場」とは何かを理解する

よく「大相場になる」といいますが、それを移動平均線で表現すると、300日線が上げていて、100日線が上げていて、60日線が上げて、20日線が上げて、5日線も上げている〝総アゲアゲ〟の状況です。

すべての移動平均線が上げていて、並びが上から株価、5日線……最後に300日線になっている――「大相場」というのは、過去30年間のどのチャートを見てもそうなっています。これを読んでいる読者の方全員が天国に召されるまで、この法則は必ず通用するはずです！

図7-5はアベノミクス相場といわれる「大相場」が始まる前夜の2012年8月から2014年5月までの長期日足チャートですが、株価から300日線が完璧な上昇モードで並んだAの期間（約6カ月）こそが大相場の具体例です。

図7−5 **大相場のフォーメーションとその前夜**

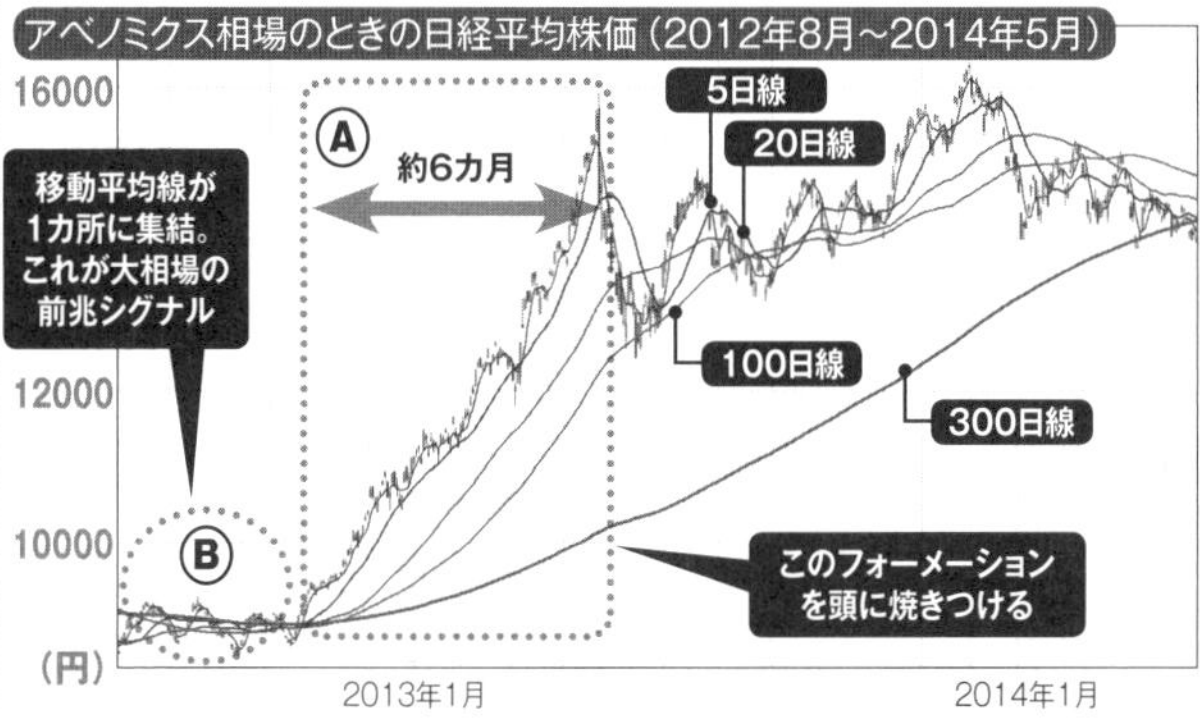
アベノミクス相場のときの日経平均株価（2012年8月〜2014年5月）
16000
12000
10000
（円）
2013年1月
2014年1月
Ⓐ
約6カ月
Ⓑ
移動平均線が1カ所に集結。これが大相場の前兆シグナル
5日線
20日線
100日線
300日線
このフォーメーションを頭に焼きつける

「あのとき、株を買っておけば！」と、株を買ったことがない人でも悔しがってしまうような大相場でちゃっかり儲けられるかどうかが、あなたの投資人生の成功と失敗の鍵を握っているといっても過言ではありません。まずはあなたを幸福に導く「大相場」のフォーメーションを心の中にしっかり焼きつけましょう。

図を見ると、2012年11月にアベノミクス相場がスタートする前夜、長短移動平均線がほぼ同じ値幅に集結して、非常に狭い範囲で〝うにょうにょ〟しているのが確認できます（図のBのゾーン）。長短移動平均線がもつれ合っている状況は相場が煮詰まっていることを示します。300日間の株価の平均も5日の株価の平均も同レベルにあるということは、ある意味、誰も儲かっていないし誰も損していない状況といえるでしょう。

ここまでもつれ合ってしまうと、次は上か下かどちらに大きく株価が値動きする以外ありません。図7-5から得られる教訓は「長短移動平均線が1カ所に集結したときは大相場の前夜」だということ。「完全無欠の大相場」は10年に二、三度は来るものです。みなさんも虎視眈々と狙っていきましょう！

下半身は気持ちと裏腹でも買う

「下げて→横ばいになって→上げて」という基本的な値動きの中で、横ばい局面から周到に準備し、上昇相場入りの前に買いを仕込む実例をさらに見てみましょう。

図7-6は2011年3月の東日本大震災以降、日経平均株価が8000円台の底値で推移していた頃のチャートです。

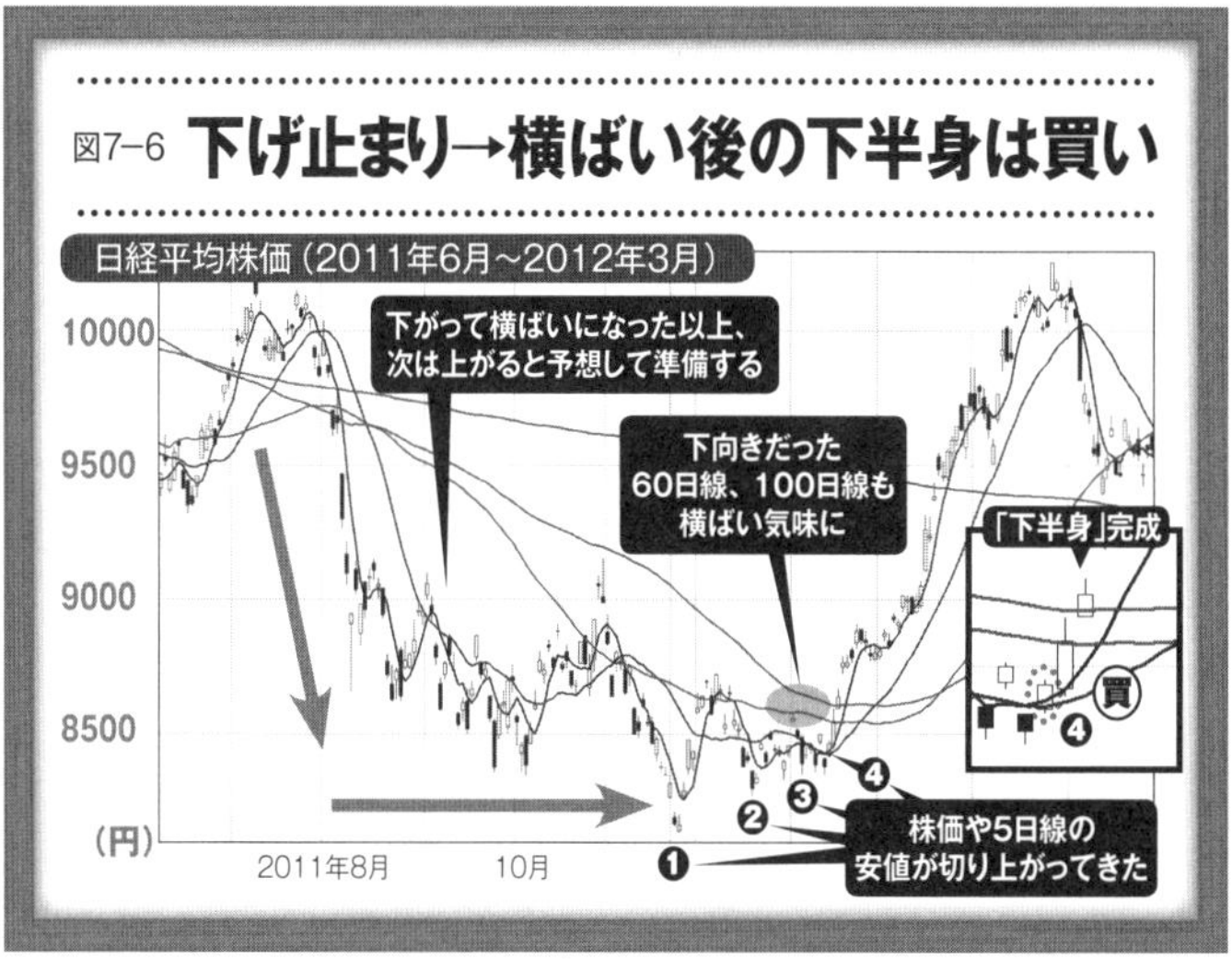

最初に「買い」を考えられるのは、株価が❶の安値を下回らず、❷、❸と安値が切り上がってからです。この頃には60日線、100日線も下向きから横ばいに移行しつつあります。そこに出現したのが❹の「下半身」です。

これまでずっと下げてきて、ようやく横ばいになった直後の陽線ですから、気持ち的にはまだまだ買えないかもしれません。しかし、ここからV字回復で上がる可能性もあります。「『下半身』が出現したら気持ち的には買えなくても、とにかく打診買い」、これが相場式早仕掛けの基本になります。

人の生活でも、理性や知性を裏切ることが多い「下半身」。株式市場もまた理性や知性が100％勝つ世界ではありません。だからこそ、気持ちとは裏腹でも「ローソク足が立ってしまったものはしょうがない」と素直に買いを入れるのが正解です。

しかも、図7-7の①の陽線は5日線だけでなく、20日線に対しても「下半身」になっています。「下半身」「逆下半身」は短期的な株価のモメンタムの強さの象徴なので、通常はローソク足と5日線の関係で見ていきますが、20日線上に浮上した「下半身」も十二分に買いの根拠になります。「下半身」が出現するとどんな下げ相場でも2、3日は陽線が連発するものですが、案の定、翌日も陽線②が出て60日線とぶつかります。さらに、陽線③が出て、100日線も突破します。

下げ相場のあとの横ばい局面で長短移動平均線が狭い範囲に集まっているため、少し上げるだけで株価が中長期の移動平均線を越えやすくなっているわけです。これが「長短移動平均線が1カ所に集まったら大相場前夜」の意味するところです。

その後、陽線④まで株価は7日連続で上昇。「7の法則」からいうと、いったんは下がってもおかしくないところです。

図7-7 本格上昇入り前に考えておくこと

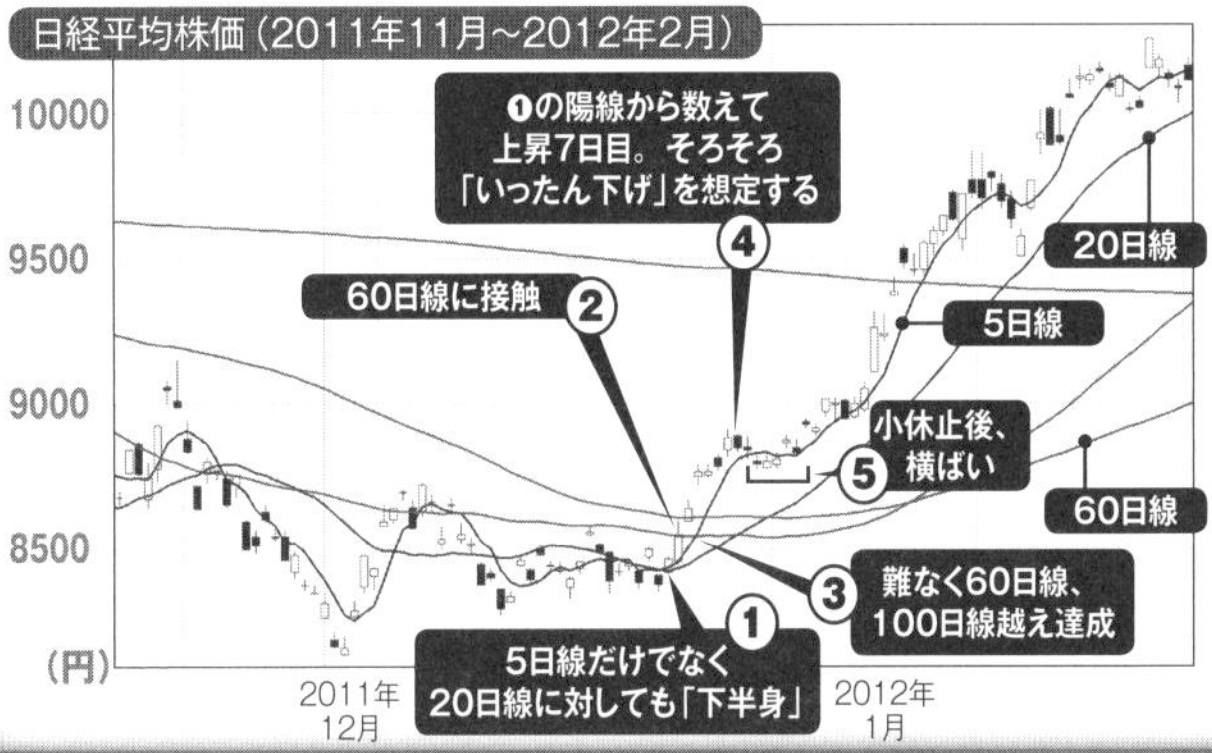

実際、これまでずっと下げ相場だったわけですから、そんな状況で株価がいきなり一直線に、まるで人が変わったように急激な上昇モードに入ることはなかなかありません。

「こういうときは1回下げて、また上げて、もう1回下げていかないと、なかなか本格的に上がらないものだ」という目で見ていくべき局面です。

でも、図7-7の場合は「7の法則」で上昇が小休止したあとも簡単には下げず、横ばいで推移（⑤）しました。すでに5日線に続き20日線も完全に上向き転換しています。

初心者は上昇が確実になる寸前で買うべし

「底練り」といっていい横ばいの局面で次の上昇を見越して買いを仕込んでいくには、かなりの度胸、それに資金も必要になります。

初心者の方や資金が少ない人は、上昇トレンド入りがかなり確かなものになってから買うといいでしょう。では、それは、どこなのでしょうか？

図7－8でいうなら、すでに5日線と20日線が上向きに転じたあと、いったん5日線が下がって20日線に近づき、再び離れていく「ものわかれ」の局面がおすすめです。

初心者の方に「まだ株のことがよくわからなくて資金も少ないんですが、いったいどこで買えばいいんですか？」と聞かれたとき、一番手堅く利益を出せるシグナルとしてオススメしているのが「ものわかれ」です。

図の場合、陽線❶まで上昇後、「7の法則」に従っていったん下がったあと、5日線上に再びローソク足が浮上した陽線❷や❸が「ものわかれ」完成シグナルです。

図7–8 **上昇トレンド入り後の売買ポイント**

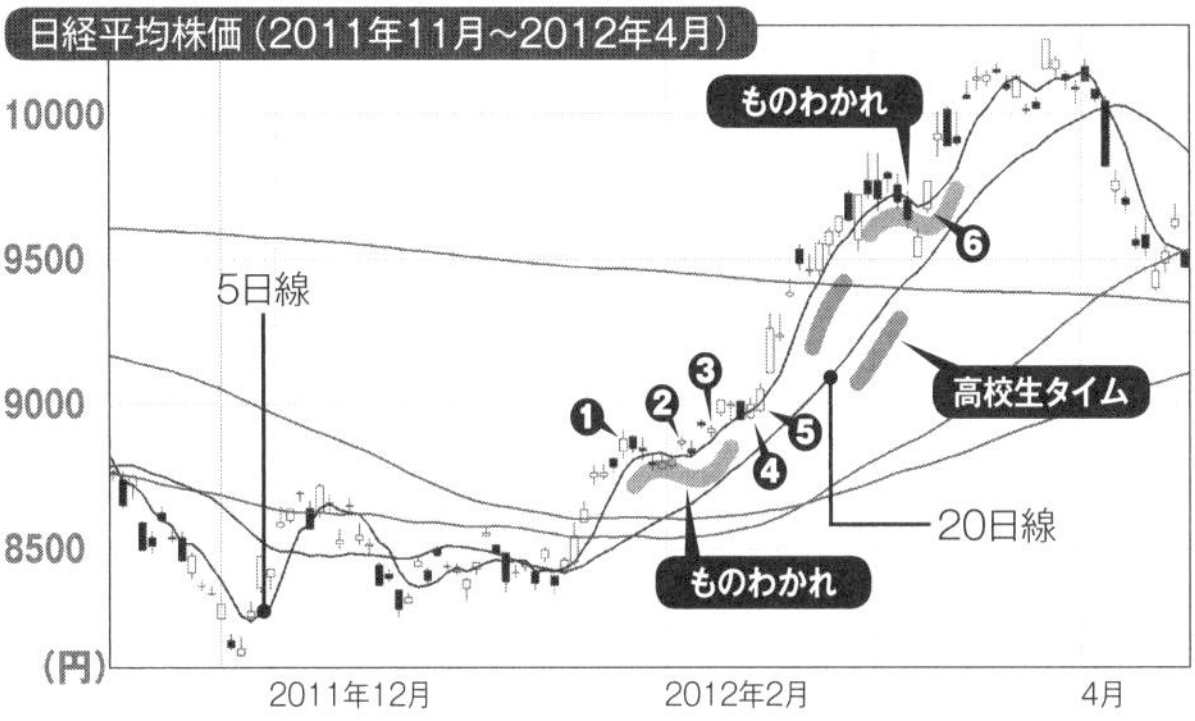

その後、いったん5日線を割り込んだあと、力強く上昇に転じて5日線越えを回復した陽線❹や❺、その後5日線と20日線が上昇トレンドまっしぐらの「高校生タイム」を形成しているあたりは買って正解。また、再び「ものわかれ」が完成した陽線❻も買いでOKです。

とにかく、ひとたび上昇トレンド入りしたあとは、「ものわかれ」「N大」「高校生タイム」などのシグナルを確認しつつ、ローソク足と5日線を見て、ローソク足が5日線を上に抜けたら買うというスタイルを続けるだけで利益が出ます。

逆にいうと買いポジションをずっとキ

ープして、「逆下半身」や「7の法則」で大きく下げそうになるまでは利益確定せず（ここが我慢のしどころです）、なるべく利益を伸ばしていくことを心がけましょう。

相場式売買法の基本とは？

相場式株式投資法は、ときにローソク足は表示せずに移動平均線だけで株価の流れを読み、株の買い時や売り時を判断していきます。

とはいえ、実際に買い注文や売り注文を発注するときは、やはりローソク足を見ないことには始まりません。

5日線をローソク足が突き抜ける「下半身」「逆下半身」シグナルもそうですし、株価が移動平均線にぶつかったり突き抜けたり離れたりするときのローソク足の形状で最終的な売買判断を下すので、やはりローソク足は必要不可欠なのです。

では、どのタイミングで実際に株の取引注文を発注するのでしょうか？

相場式のモットーは「ザラ場、つまり株式市場で売買が行われている取引時間中には株を売ったり買ったりしない！」です。

ザラ場中に取引を繰り返すデイトレードは日中、仕事をしていたり、家事や育児に追われて忙しい人には不向きです。ザラ場中ではなく、終値ベースでローソク足が陽線、陰線どっちで終わったか、また、どんな形状だったかを考えることが相場式トレードでは大変重要になります。

午後3時に株式市場がクローズして、その日のローソク足の形が決まってから初めて「取引するかしないか、買うか売るか」を決めていくのです。

とはいえ、その日に出現したローソク足が売買シグナルの決め手になるわけですので、翌朝まで待つと、すでに上昇してしまったり、せっかく予想は当たっていたのに利益を取り逃がすことにもなりかねません。

そこでみなさんにおすすめしているひとつ目の取引時間は、その日のローソク足の形がほぼ決まった午後2時半ぐらいから3時までの「大引け間際」です。

たとえば、株価が5日線を越えて上昇し、もうこれはどう見ても「下半身」シグナル完成だと午後2時半の時点でわかったら、スマホを持って会社のトイレに駆け込んでください！

最近はパソコンだけでなく、スマホのアプリで株価をチェックしたり、チャートを見て、その日のローソク足の形を確認できたり、もちろん株の取引注文まで自由自在にできる、とても便利な時代になりました。

スマホトレードなら、どれだけ忙しくても、株価やローソク足をチェックして売買シグナル点灯を確認するのに30秒、注文発注に30秒、合計1分ほどトイレにこもれば（!?）取引可能です。

トイレに駆け込むことができないときは、「引け成行《なりゆき》」（午後3時の大引けに株価はいくらでもいいから買う・もしくは売る）の注文方法を使って、その日の終値で確実に注文を約定させてもいいでしょう。

できたてホヤホヤのローソク足で取引しないことにはなるものの、翌朝の寄り付きを待って、翌日から取引を開始しても、もちろん構いません。

前日に買い（または売り）のシグナルが出ているわけですから、実際にそのシグナル通りになったときは利益の一部を取り逃がすことになりますが、そこまで大きな差は出ません。

私、相場師朗の場合は1注文20万株、30万株と巨大な枚数で取引するので、エントリー（新規取引のこと）やエグジット（利益確定など決済取引のこと）は、もっぱら出来高が十分にある翌日午前9時の寄り付き注文になります。

翌日トレードの長所は、じっくり検討する時間があることです。前日の終値時点で出ているシグナルが〝本物〟つまり〝当たり〟であれば、翌日にそのシグナルがもう使い物にならない、などということはありませんので安心してください。ここまでに紹介した、移動平均線とローソク足の組み合わせによる買いサイン（または売りサイン）を徹底的に吟味し、自分なりのシナリオをたてたあとに注文を入れるほうが、トレードの精度は高まっていきますから。

いずれにせよ、一番、重要なのは「なぜ、そこで取引するのか」の理由を自分なりにはっきりと意識しておくことです。

「なんとなくお金儲けしたいから取引してしまった」では話になりません。

「移動平均線がこうで、ローソク足がああだから、これこれ、こういう理由で自分は取引する」と明快に説明できるまで、トレードをしてはいけません。理由が明確だからこそ、また次の取引にもつながる「再現性」が生まれるのです。

どうですか？　相場式はほかの株式投資の本とは違って、「どこで取引すればいいか？」、取引を発注する時間帯までしっかり教えます。

実際にお金をかけて取引するときの具体的なエントリー方法には触れず、オブラートに包まれた机上の空論を並べるだけでは実戦で使えません。戦争ゲームがうまくなるのと、実際に命がけで敵と撃ち合うのは、まったくの別物なのです。

相場'sまとめ
その日の大引け間際か翌朝寄り付きか、いずれかで取引。自分なりに取引理由を明確化することが大切です。

第8章

下げ相場のトリセツ

～実は、カラ売りが最も儲けやすい～

株は「上がって横ばいになって下がる」を繰り返す

株価は上がるか下がるか横ばいか、いずれかの方向にしか動きません。つまり、上昇が続いたあとは横ばいか下がるか、いずれかになります。横ばいのあとは、上がるか下がるかの、いずれか。そして、下がったあとは横ばいか上がるかの、いずれかです。目の前にある値動きだけを追いかけていたら翻弄《ほんろう》されます。「次の動き」を読まないと株式投資では儲かりません。

相場式ではさらに「次の次の動き」まで読むことを目指しますが、まずは今あるトレンドが継続中でも、「次はどうなるの？」と、常に考えるクセをつけましょう。

初心者の方は買った株がまぐれで強烈に値上がりすると、狂喜乱舞して「まだまだ上がる、絶対上がる」と思い込んでしまいがちです。ただ、株価は、悲しいかな、永遠に上がり続けることはないのです。

5年、10年という長い目で見ると、見事なまでの長期上昇トレンドが続いている銘

図8—1 **値動きの基本は「上がる→横ばい→下がる」**

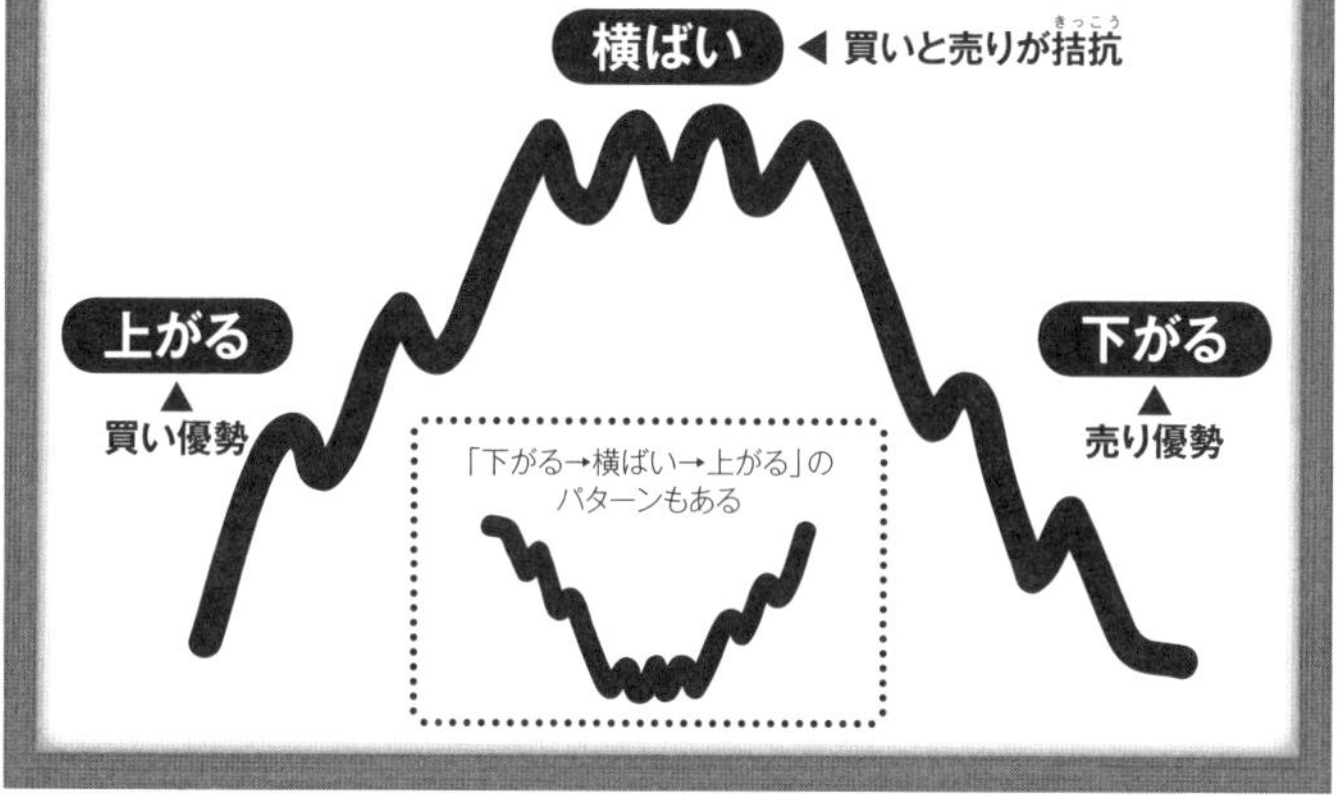

柄でも、上昇の途中には「上がる↓横ばい」というトレンドの変化が何度も訪れます。その変化を敏感に察知することが、よりたくさん利益を上げるためには必要になってくるのです。

その際、〝株価の一生〟を表す値動きの「基本形」がわかっていたら便利です。絶対そうなるとは限らないものの、普通、株価の値動きには「ああなったら、こうなるね」とか、「こうなったあとは、ああなるね」という基本形があります。

それが、上の図8-1で示したような「上がる↓横ばい↓下がる」という値動きです。

この値動きは、日本のマーケットに上場する約3800銘柄×過去30年分、すなわちのべ10万年分のチャートをつぶさに検証すると、縄文人もマンモスもびっくりするぐらい、いたるところに登場します。

もし、「株を買う」ことしかできないと、この値動きの中の「上がる」局面しかとれません。「横ばい」局面で、小さく上げたり下げたりしているときの「上げ」もとれないことはないですが、初心者の方には至難のワザでしょう。

逆に、もし「株の売り注文から入る」こともしっかりできるようになれば、三種類の値動きの中の「下がる」局面も利益に換えることができます。

これは実に大きい！　まず、「株よ上がれ上がれ、舞い上がれ」と毎朝、神社に行ってお祈りする必要がなくなります。もしカラ売りを使って下げの局面も利益にできるようになれば、チャンスは2倍に膨らみます。つまり、上がっているなら「買い」、下がっているなら「カラ売り」すればいいだけ。株価の値動きすべてが儲けのチャンスになるわけですから、まさに株式市場がいつでもお金を引き出せる「ザ・ATM」に早変わりするのです。

カラ売りのほうが利益をとりやすい理由

私、相場師朗の体の半分以上は「カラ売り」でできています。それぐらい、個人的な好みでいうと、買いの局面よりカラ売りの局面のほうがダイダイ大好きです。

「なぜ人間はそんなにしてまで株を買うのか」という実に深淵で、哲学的な問いの答えはなんでしょうか?

簡単です。「株を売って儲けるために買う」のです。お墓まで持っていくために株を買う人はいません。株は売るために買う。つまり売られるのは100%わかっているわけです。

株がいつ買われるかというのは、株歴35年の相場師朗をもってしてもなかなかわかりません。スーパーで牛乳やお米が毎日、確実に買われるのとは、わけが違います。株が「いつ買われるのか」は、プロはもちろん、どんなに精密なコンピュータで分析しても、なかなかわからないものなんです。

だからこそ、売りのほうが利益をとりやすい。人間は株を売るために買うわけですから、株価が上がって利益が出れば利益確定の売りで必ず下がるのです。逆に、なにかの気まぐれで多くの投資家が「株を買いたい」と思わない限り、株は上がらないので、じっと我慢して上昇を待ち続けていたら、5年も10年もかかる場合もあります。玉手箱を開けてしまった浦島太郎状態です。

この傾向は、アベノミクス以降に年金資金が株を買い進めていることで今後、より鮮明になるでしょう。私もかつて金融機関で年金の運用に従事していましたからイヤというほどわかりますが、年金資金というのはいつか株を売らないと肝心の年金が払えません。

だいたい株を買って5年ぐらいすると、その資金をいったん換金して年金の支払いに回すのが年金ファンドの通常の投資サイクルです。すでに年金資金が大規模な株式投資を始めて5年近くが経過していますから、そろそろ彼らが年金を払うために株を売らなければいけない局面が近づいています。つまり、今後はますます、株をカラ売りして儲けるチャンスが増えてくるということです。

カラ売りには「信用取引口座」の開設が必要

初心者の中には、

「株を持ってもいないのにどうして売って儲けることができるの？」

という素朴な疑問を抱かれる方もいるでしょう。そこで、まずは持ってもいない株を売る「カラ売り」の仕組みを解説します。

株式市場でカラ売りをして、株価の下落で儲けるためには、証券会社に現物株口座以外に「信用取引口座」を開設する必要があります。信用取引は、証券会社に「証拠金」という形で自己資金を入金すると、証券会社がその資金を担保に投資資金を貸してくれて、証拠金の約3倍まで株の取引ができる制度です。保証金の最低額は30万円であることが一般的です（証券会社によって異なります）。

信用取引制度は投資家の側からすると、証券会社から借金をして取引をしていることになるため、取引をして損失が膨らむと「追加証拠金」を要求されるなど、リスクも高くなることは覚悟しましょう。

ただ、信用取引口座を開くと、証券会社はお金だけでなく、証券金融会社経由で株券も貸してくれます。株を持っている人の中には、その会社の関連会社や銀行、生保など、株をずっと保有していてまったく売り買いする予定のない長期投資家もいます。そういう投資家にしてみたら、持っている株券を証券会社や証券金融会社に貸すことで金利収入を得られるなら喜んで貸したいところです。

一方で株を売って儲けたい投資家、一方で株を貸して金利を得たい長期投資家。両者のニーズを橋渡ししているのが信用取引制度です。この仕組みがあるからこそ、持ってもいない株を借りてきて売る＝「カラ売り」ができるのです。

カラ売りできるのは「貸借銘柄」のみ

信用取引のカラ売りでは、最初に借りた株を売って、あとで買い戻すことになるので株価が下がれば下がるほど儲かることになります。

たとえば、５００円で１０００株をカラ売りした場合、４５０円まで株価が下がれば5万円の儲け。反対に株が５５０円まで上昇してしまうと5万円の損になります。

ただし、すべての株をカラ売りできるかというと、そうではありません。

信用取引を使ってカラ売りできる銘柄は「貸借《たいしゃく》銘柄」といわれ、全上場株式約３８００銘柄のうちの６割程度になります（証券会社から直接、株券や資金を借りて投資する「一般信用取引」なら銘柄の幅は広がりますが、コストが高めなことが多いのでおすすめしません）。

カラ売りもできるこうした貸借銘柄こそ、相場式トレードのターゲットになります。ただし、貸借銘柄の中にも日中の出来高が非常に少なくて売買しにくい銘柄があるので、時価総額５０００億円、１日の出来高が最低でも１００万〜２００万株あって、しかもカラ売りできる銘柄こそが相場式の〝メインディッシュ〟になります。

カラ売りに挑戦するには信用取引口座の開設が必要だということがわかったところで、肝心の「じゃあ、どのようにカラ売りで儲けるか」という基本的な手法をご説明しましょう。

図8－2はヤフーの約10カ月の値動きを示したチャートですが、一番利益をとりやすいのが上げているところより、①や②などの下げているところだとわかりますね。上げているところは上昇したと思ったら下落したり、結構、上下動を繰り返しますが、下げている①や②の局面は陰線が連続して、一方通行で下げが加速しています。

5日線と20日線を見ると、両者が並んで右肩下がりになる「高校生タイム」が上昇局面より長く続いていて、初心者の方でもかなり簡単に売りで儲けられそうです。

さらにチャート上には先ほど見た「上がって横ばいになって下がる」「下がって横ばいになって上がる」という値動きパターンが頻出していることもわかります。

初心者の方がついついカラ売りしてしまって大損するのは、ありえない角度で急上昇している銘柄を「上昇しすぎているから絶対下がる」と売ってしまうからです。

値動きの基本は「上がって横ばいになって下落」の繰り返し。このことを肝に銘じていれば、急上昇している銘柄はすぐには下がらないことがわかるはずです。短期間であれ、上昇後には、まず横ばいモードに移行するので、売りで稼ぐ準備をするのは横ばいモードが明確になったあとです。

図8–2 下げ相場の前には必ず横ばい相場がある

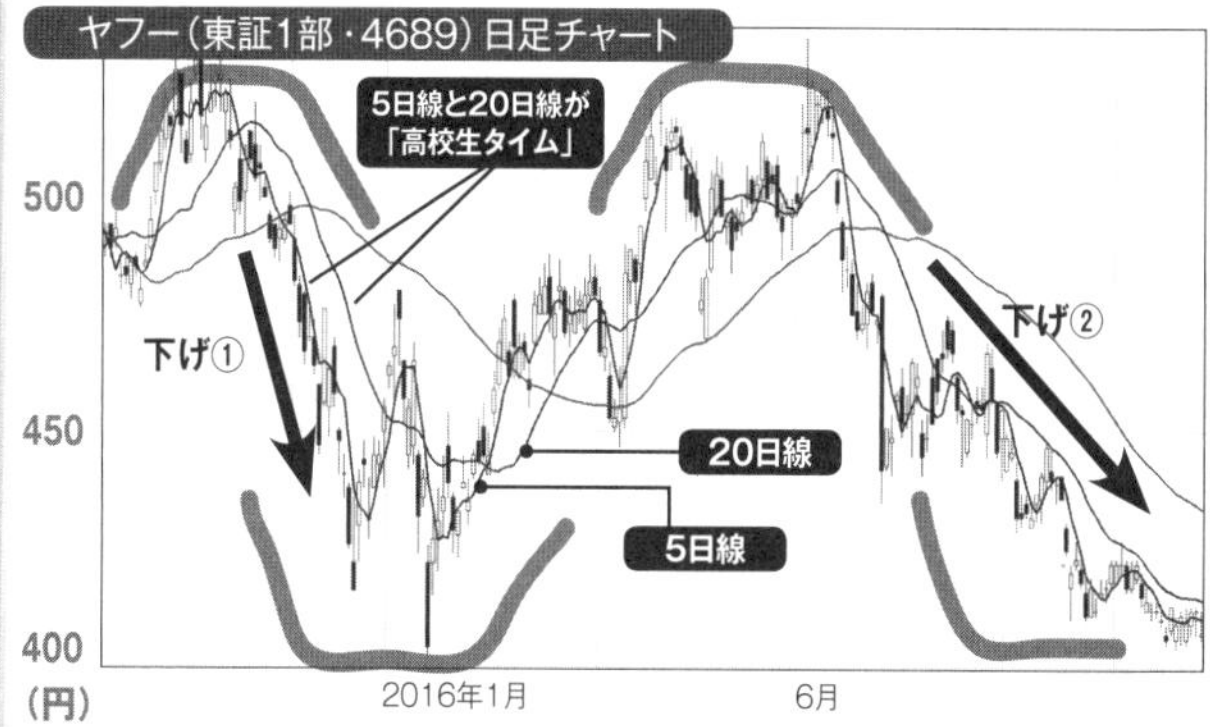

図8–2でも上昇から横ばいに転じたあとは必ず灰色の〝コの字型〟の値動きが起こって初めて株価が下がっています。

つまり、これまで株価が上がってきたものの、最近、高値を更新できず、同じところを行ったり来たりして横ばいになってきた株こそ、カラ売りすると〝おいしい〟株なのです。ちょっとかわいそうですが、「溺れた犬は叩け」という魯迅《ろじん》の言葉に近い感覚です。

長年の経験からいうと、上がって横ばいになっている銘柄がその後、上がるケースは3割、下がるケースは7割程度です。その7割の下げを狙いましょう。

下落を予測するにはどうすればいいのか？

株価が下がるのは、勢いが弱ってきたということです。人間でいうと、これまで元気だったのが、どんどん衰えて、動く力がなくなりました、という局面になります。この「株価の弱り具合」が一番よくわかるのは、やはり5日線と20日線です。そこで先ほどの図8－2からローソク足を消して、5日線と20日線だけを表示した図8－3を見てみましょう。

すると、まず画面中央の❶では5日線が下がって、いったん20日線を割り込んでまた上がる、という動きが起こっていますが、20日線はずっと上向きです。しかし、これはまだ下げの前兆ではありません。この5日線の下げは利益確定の売り注文によるものなので、どんな力強い上昇が続いていても必ず起こります。

その後、❷の部分で5日線が再び下落して20日線に二度目の〝おさわり〟を試みています。二度目あたりからは、5日線が20日線を下回って「下げ」の局面に入る可能性

図8−3 **20日線横ばい、5日線ゲジゲジで売り準備**

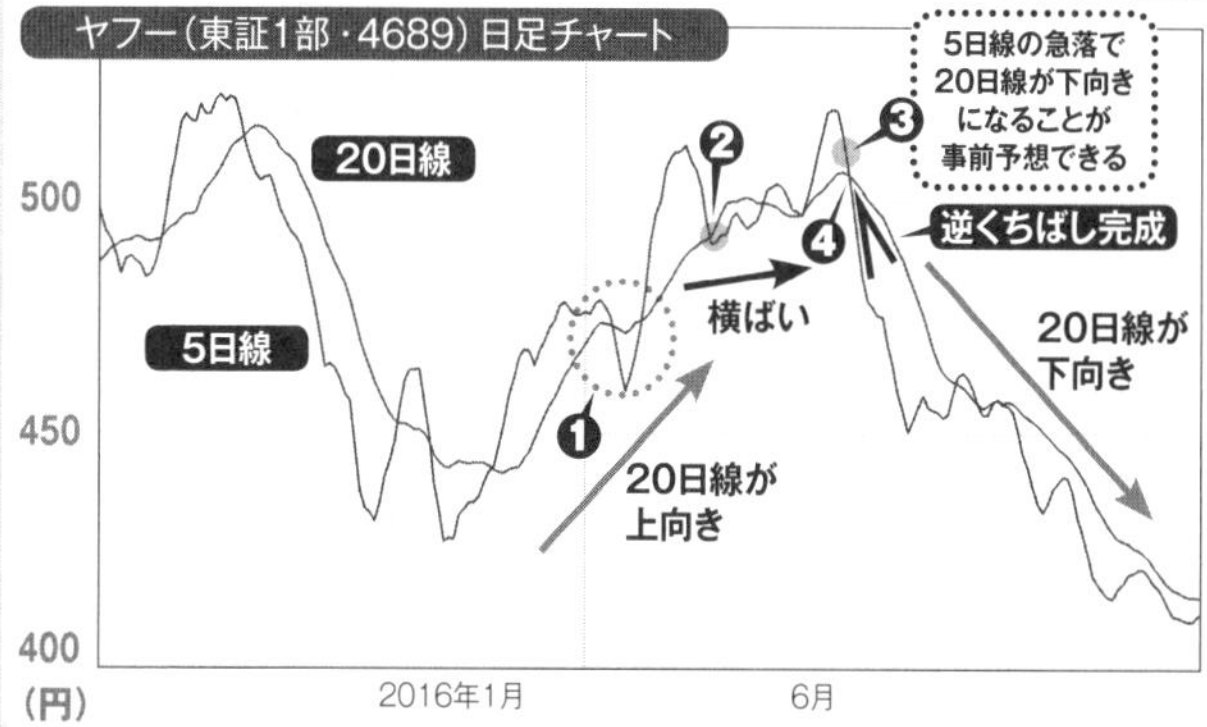

も、ある程度、頭に入れておいたほうがいいでしょう。

ただ、ここで5日線が踏ん張ります。「横ばいになった20日線を挟んで、5日線が上や下にうねうね、ゲジゲジと上下動し始めたら横ばい相場」と考えて間違いありません。

しかし、図の❸の部分では、5日線がいったん急上昇したあと、急落。5日線が急落しているときの20日線はまだ上向きでしたが、5日線が急落している以上、20日線の向きもいずれは横ばいから下向きになるな、と事前に予想できれば一人前です。

そして❹で5日線と20日線がクロスして、20日線も予想通り、下向きに転換します。出現した相場式シグナルは「逆くちばし」。ここで売りを入れることになります。

一連の株価の流れを振り返ってわかるのは、下げ局面をとるにはまず株価が横ばいになってきたことを察知すること。さらに、横ばいのあと、下げそうな徴候が出てきたらカラ売りの準備をすること。そして、虎視眈々と❹の「逆くちばし」のような売買シグナルを待つことです。

図8-4は図8-3にローソク足も表示したクローズアップチャートです。

図の❶では陽線が連発していて、ローソク足だけ見るとまだ上がりそうな気もしますが、陽線連発でも実は終値は下がっています。

でも、先ほどの5日線と20日線だけのチャートを見ていれば、株価がすでに上昇から横ばい局面に移行していることがわかっているので、この陽線には騙《だま》されないですみます。案の定、❷でローソク足は5日線を割り込んで「逆下半身」が完成。私なら、ここで早々に売りを入れます。

さらに❸では20日線に対しても「逆下半身」が出現して、5日線と20日線が「逆くち

図8−4 逆下半身&逆くちばしは最高の売りサイン

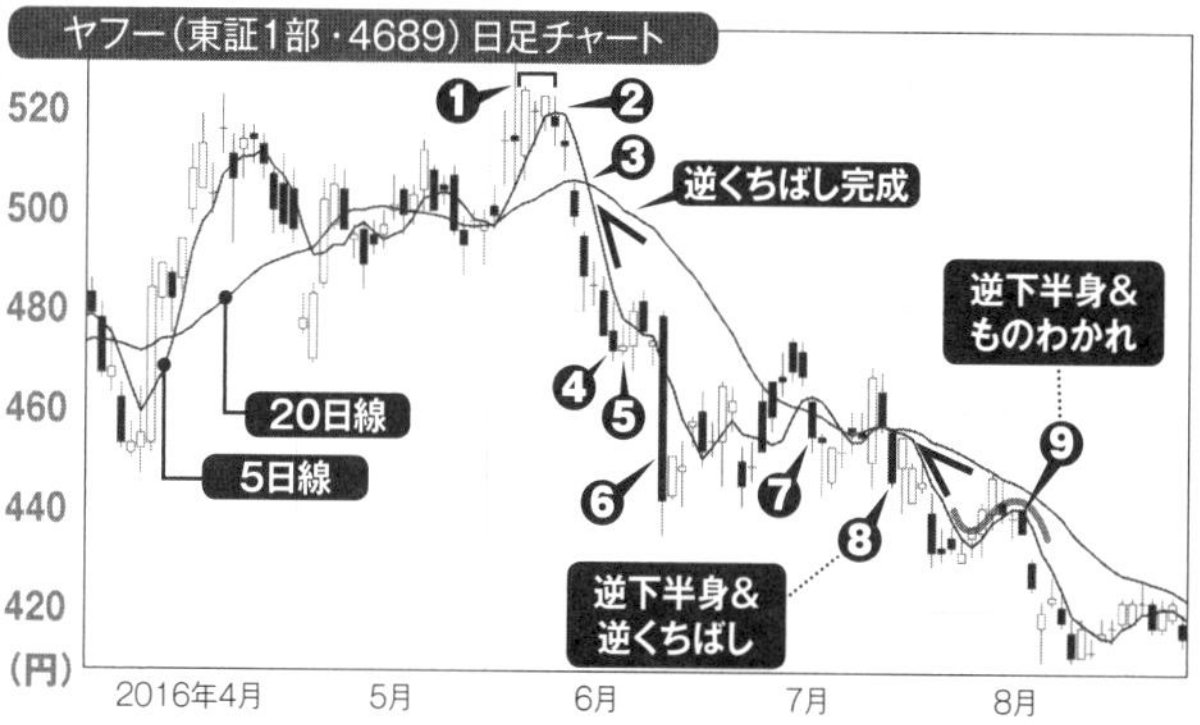

ばし」になっていますから、初心者の方でもここはカラ売りしてOKです。

その後のローソク足は陰線が連続して出現したので、カラ売りは大成功ということになります。

ここで注目！ ❹の陰線を上から数えると、❷の陰線から7つ目。そうです、第6章で見た「7の法則」からすると、こころへんでいったん利益を確定してもいいところです。

実際、次の❺は小陽線になっています。ただし、5日線と20日線の「高校生タイム」は続いているのでカラ売りを継続してもいいでしょう。結果論ですが、その場合は❻の大陰線をまるまる一本、利益に換えることができました。

その後も❼、❽、❾の陰線はみな5日線に対して「逆下半身」になっていますから、20日線が下向きで推移し続ける限り、売って正解です。私のセミナーを受講している20代ビギナー女性は、「逆くちばしのあとのものわかれ」をとるのが得意なんですが、❾の陰線がまさにそうですね。

初心者の方は「逆下半身」と「逆くちばし」が出て、実際に株価が下げ始めてから売り始めても一向に構いません。

でも、「もっと儲けたい、貪欲に儲けたい、死ぬまで儲けたい」という人は、下げが始まる、少し前の段階で売りを仕込んでおきたいものです。

上昇相場からのトレンド転換を察知する

もうひとつ、実例を見てみましょう。

図8－5はローソンの日足チャートで、それまで長期的な上昇が続いてきたあと、株

図8−5 **横ばい相場が長いほど下げも急激に**

価がなかなか上がらず、かなり長い横ばい相場を経て、下げに転じた局面です。横ばい期間は長いと3カ月ぐらい続くこともあります。図の場合も、あとから振り返ると、最高値❶を次の高値❷が更新できず、前の安値❸を次の安値❹が下回った❶から❹までの期間が横ばい相場で、その期間は約3カ月でした。

同じ横ばい相場でも、横ばいの期間が長くなると、その後の下げも大きなものになります。どうしてそうなるかというと、横ばい相場が長く続くと、5日線から300日線までが同じ価格帯にギュッと寄り固まってきて、ちょっとした下落でも株価や短期移動平均線が長期線の下に潜り込みやすくなるからです。

図8‐5の場合も、300日線が下から迫ってきて、いっきに株価や短期移動平均線を飲み込んでいます。その後は急速に株価が下落して「300日線＞100日線＞……＞5日線＞株価」ときれいな下降トレンドの並びが完成しています。

この並びがいったん完成してしまうと、その後は長期的な下落が続く可能性が高いので、同じ売りでもたっぷり値幅が稼げます。果物と同じで、〝横ばい相場が熟して熟して熟しきって、最後にポトリと落ちたあとの下げ相場〟は実においしいのです。

図8‐6はおなじみの、ローソク足を消した移動平均線だけのチャートです。移動平均線だけを見ると、5日線のみならず、20日線の高値❸が前の高値❶を越えられず、❷の安値を❹の安値が割り込んでいることからも、株価の流れが上昇から下降へ向かいつつあることが非常によくわかります。
❸の高値はちょうど60日線に頭を抑えつけられた形になっています。❺では100日線が20日線の上昇を阻む壁として機能。案の定、❻と❼で5日線、20日線が300日線を割り込みました。これこそ、横ばい相場から下げ相場に移行する最初のシグナ

図8−6 **忍法・ローソク足隠しで微妙な変化を察知**

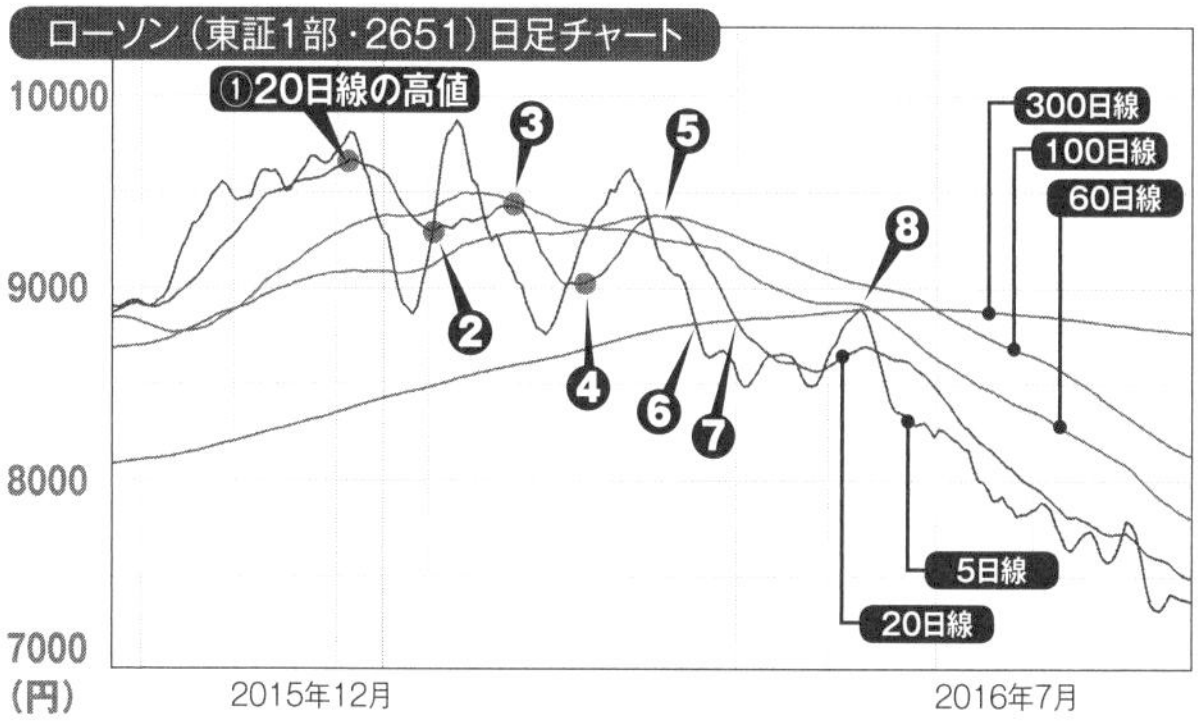

ルです。その後、５日線は❽の高値まで上昇したものの、見事に３００日線にぶつかって、「失礼しました〜」と反転下落。もう、こうなったら「売り、売り、売り」で攻めるしかありません。

このように、移動平均線だけを見ていれば、20日線が60日線にぶつかって下落し、60日線自体も下向きに転換した❸あたりですでに、「あっ、横ばいから下落に向かうな」とピンとくるはずです。これぞ、「忍法・ローソク足隠しの術」の効果。ローソク足を隠すことで、逆に株価のトレンドの変化が見やすくなり、すっきり頭に入ってくるわけです。

図8-7は先ほどの図8-6にローソク足も表示したチャートですが、株価自体も高値を更新できず右肩下がりに推移していることがわかりますね。

❶の時点でいったん300日線を割り込んだものの、その後、しばらく300日線の下で上がったり下がったりを繰り返していて、いっきに下げません。もどかしい限りですが、「これだけ長く上昇や横ばい相場が続いたあとは、いっきに下がることのほうが少ない。いったん上げて、また下がって、もう一回上げて、ようやく下げるぐらいがちょうどいい」と考えましょう。

実際、さまざまな銘柄のチャートを1万年分ぐらい見れば、「下げそうで、また上がる」「上がりそうでいったん下がる」動きはたくさん出てきます。

図では❷で株価が300日線をいったん突き破って上昇したものの、上ヒゲ陰線で終わったので、こうした〝揺り戻し〟の明確なピークになりました。「上ヒゲの長いローソク足」は強い下落シグナルです。その後、株価は❷の高値から急落し、過去の安値ライン❸を下にブレイク。ついに本格的な下降トレンドへ突入していきます。

❸以降は「300日線＞100日線……＞株価」と完璧な下げ相場の並びが完成。過

図8–7 **頻出パターン「下がりそうでまた上がる」**

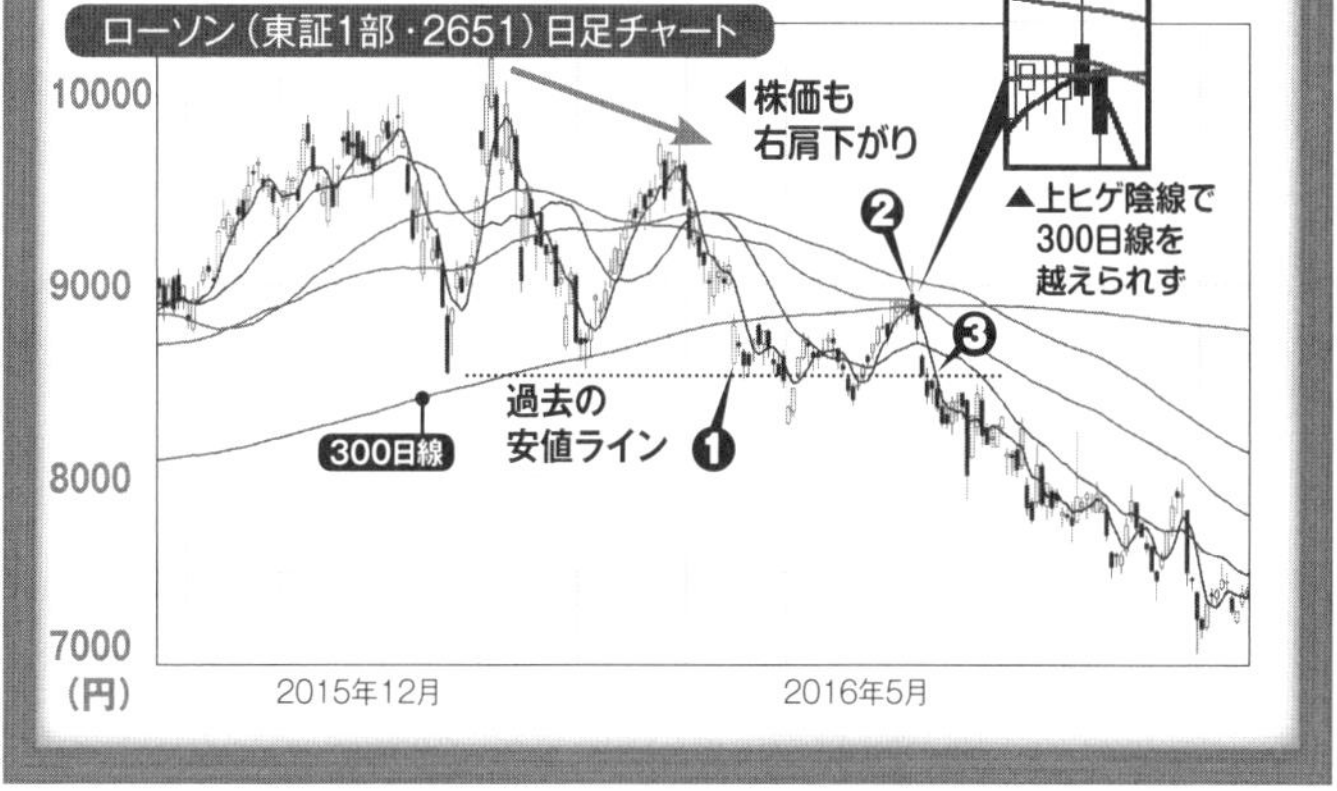

去5カ月の株価の平均である100日線、過去3カ月の平均である60日線が下向きのときは、たとえ、短期的に株価が上昇しても「お釈迦様の手のひらのうえで転がされているだけ」。株価が60日線、100日線近辺まで上げたところでカラ売りを入れていけば、儲かります。

100日線、60日線が下がっている中で株価が少し上昇したら、「最後はまた60日線に頭を抑えられて下がるんだろうな。そこまで上がったら、また売りに転換だな」というストーリーをしっかり持ったうえで、短期的な上げを買いでとっていくのもアリです。

では、具体的にどのようにこの横ばいから下降トレンドへ向かう相場でカラ売りしていくか？　図8－8で検証してみましょう。

まず❶で陰線が5日線を割り込み、「逆下半身」が出現しました。今後も横ばい相場が続くにしても、下落相場入りするにしても、❶では売りたいところです。

そこで❶の「逆下半身」で100株、売ったとしましょう。これを相場式トレードでは「1－0」と表記します。「1」はカラ売りのポジション、そのあとの「0」は買いポジションです。つまり「1－0」というのは、最低売買単位が100株の銘柄なら、カラ売りを100株入れたことを意味します。

その後、❷の陽線は100日線に高値がぶつかって下げた「上ヒゲ陽線」で勢いが弱いと判断し、カラ売りを継続。❸の陽線が出たところで、いったんカラ売りしていた分を決済して「0－0」にします。

そこから300日線を割り込んだものの、いっきに下がらず、300日線の下でもみ合いになりますが、❹や❺の「逆下半身」ではぜひ売りを入れたいところ。たとえば、❺の「逆下半身」で200株、売りを入れて「2－0」にしたとしましょう。

図8–8 **買いと売りの両方を持つ両建ての使用法**

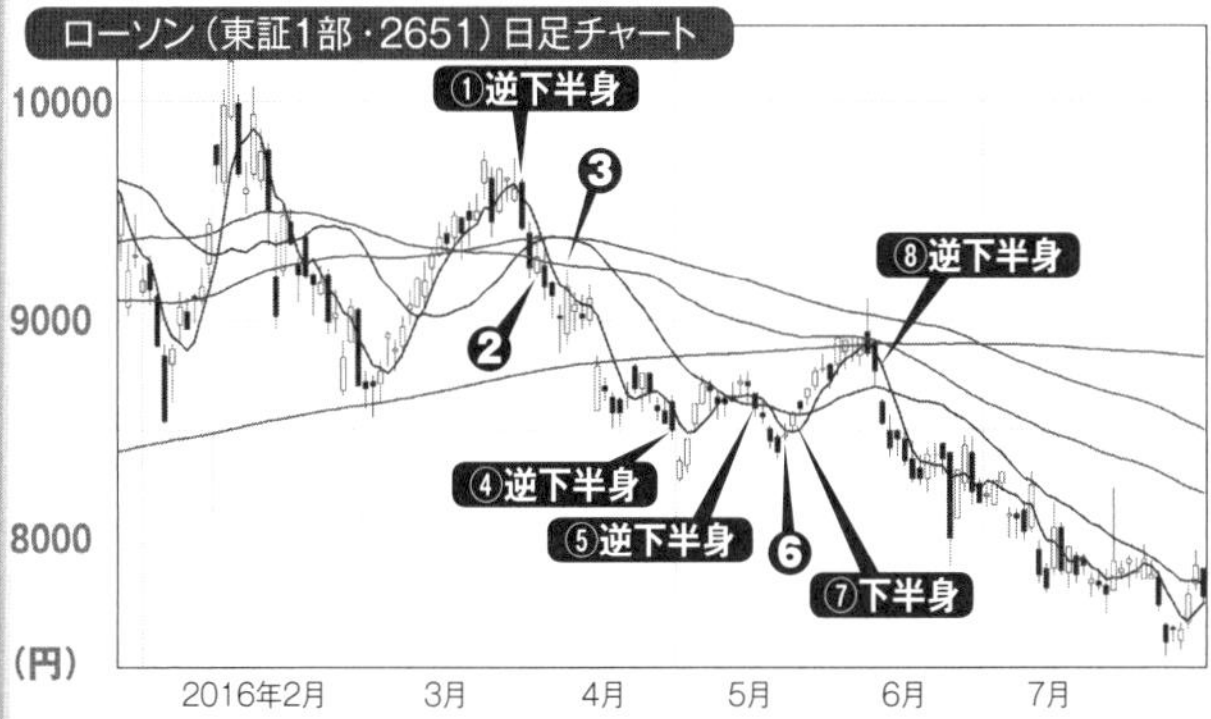

その後、順調に下落して、❻の陽線が出たところで利益確定になりますが、あえて売りポジションは決済せず、ここで買いを100株、さらに次の❼の陽線（「下半身」）でもう100株の買いを入れて、「2－2」にします。

買いと売りのポジションを両方、同じだけ持つことを「両建て」といいます。買いと売りを同じ数量持っているので、株価が上がっても下がっても損益はプラスマイナスゼロです。「なぜ、そんなことをするのか？」というと、この局面は明らかに横ばい相場から下げ相場への移行局面なので、いつ急落するかわかりません。

だから、なるべく売りポジションは決済しないで持っておきたいのです。

でも短期的には❼で「下半身」が出現して、2、3日上げる可能性が高い。そんなときは売りと同量の買いを持って、損益フリーの状態になって、様子見に徹するわけです。そして、❽で明確な売りシグナル「逆下半身」が出たら、買いの「2」を切って、再び売り200株だけの「2－0」のポジションで下げをとっていきます。

明確な売りシグナルが出たのですから、ここで「2－0」だけにしておくのではなく、さらに自信をもって「3－0」「4－0」など、売りポジションを増やして勝負に出るのも悪くありません。

これはあくまで例にすぎませんが、買いと売り両方のポジションを持ち、局面に応じてその量を調節していくことを「建玉《たてぎょく》の操作」といいます。

相場式株式投資法の真髄「建玉の操作」とは？

そもそも信用取引では新規に取引することを「建てる」と表現し、株を買うのは「買建て」、カラ売りするのは「売建て」といいます。

保有している信用取引のポジションは「建玉」もしくは「玉《ぎょく》」と呼びます。「玉を建てる＝建玉」なんて、なんだか古風な表現ですが、江戸時代の米相場から続く伝統的な名称なので覚えましょう。

相場式では信用取引を使って、この建玉を操作していくことで買ったり売ったりを繰り返し、ときには買い玉と売り玉を同時に持つ「両建て」も駆使。株価の流れを〝点〟ではなく〝面〟でとらえて一網打尽にしていくことを目指します。

知識や理屈や能書きではなく、実際に株の取引をすればイヤというほどわかりますが、株価は100％予想通りに動くことはありません。

にもかかわらず、巷に溢れる「株の必勝本」は、「このシグナル点灯で一点買いして、このポイントで全部利益確定、はい大成功！」といったピンポイント売買しか教えてくれませんよね。実際の相場は教科書通りに動くほうが稀なので、初心者の方は「本で読んだことが全然使えない」ことに愕然《がくぜん》としてしまうのです。

こうした一点集中取引の対極にあるのが、「建玉の操作」です。

株価は上昇、下降、横ばいという流れのいずれかの方向に向かって動くものですが、その間も上下動を繰り返しています。たとえ株価の方向性が予想できても、このアップ&ダウンが原因でせっかくの利益が削り取られるのも日常茶飯事です。

「両建て」でリスクヘッジして利幅を伸ばす

たとえば、図8-9のような値動きを想定してみましょう。

全体として株価はAからCまで上がっていますが、その間にはかなり大きな上下動があります。この図を見て、「Aで買って、Cで売って儲かりました!」というのは机上の空論です。先が見通せない中、Bで買値を大きく下回ったところでは「予想がハズれてしまったのか?」と不安になり、損切りしてしまうケースもあるはずです。

運よく、株価はBから上昇して含み損は解消できましたが、株価の上下動に悶々《もんもん》とした挙句、AからCまで、少なめの値幅しか稼ぐことができませんでした。

それに対して、買いと売りを「両建て」することで、上下動の値動きに振り回される

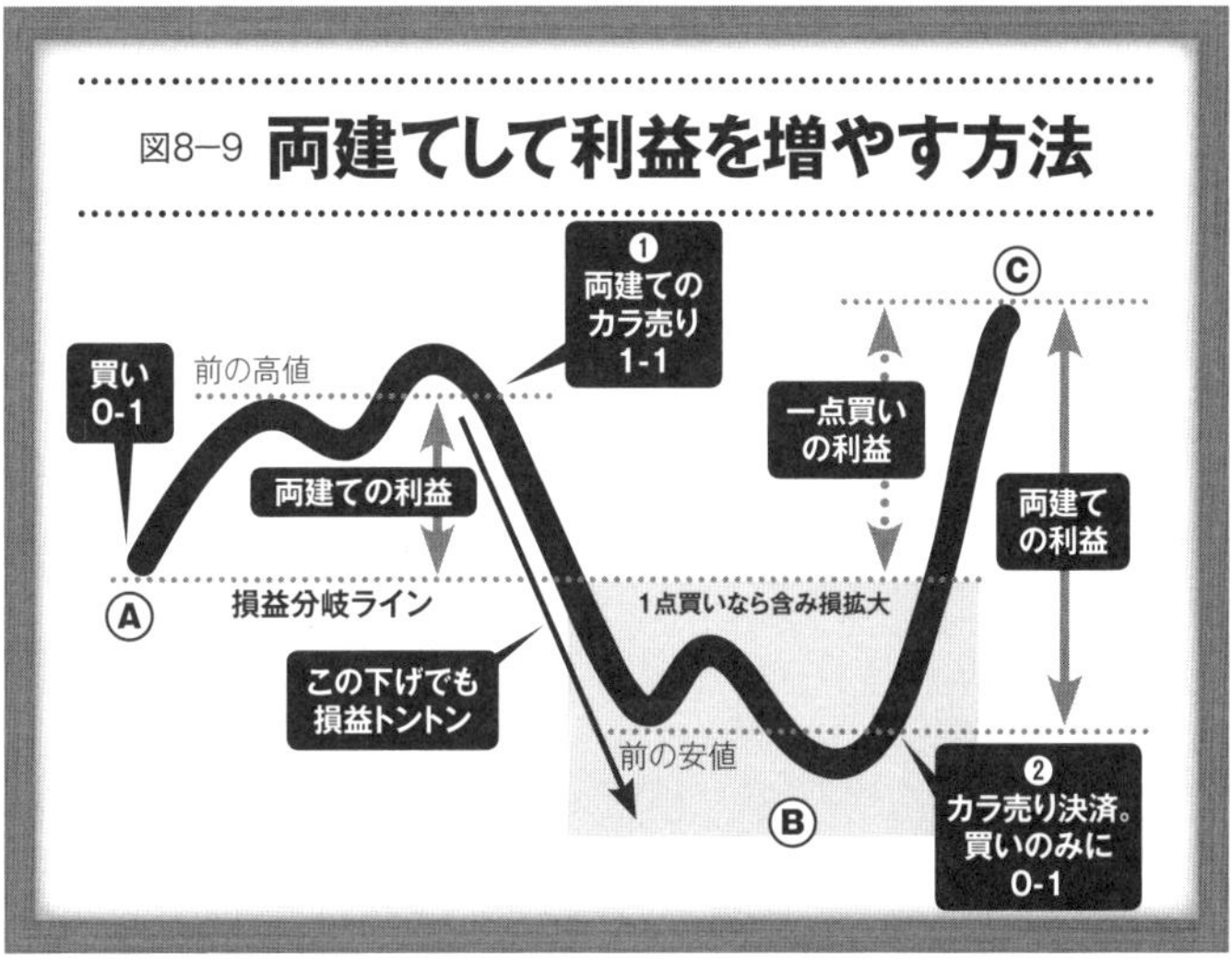

ことなく、利益を最大限に伸ばそうとするのが「建玉の操作」です。

たとえばAの地点で買ったあと、株価が前の高値を下回った①で同数の売りを入れます。そうすると、①以降の下げでは買い玉の含み損は増加しますが、新たに建てた同数の売り玉では含み益が出るので、損益トントンになります。

その後、前回の安値を上回った②で売り玉だけを決済して、買い玉だけにすれば、②からCまでの一直線の株価上昇をまるまる利益に換えることができます。

株価下落の際に両建てでリスクヘッジしたことで、AからCまで買いポジションを持ったまま我慢しているよりも、はるかに多くの利幅を稼ぐことができるのです。「建玉の操作」を駆使すれば、儲けを最大限に伸ばすことができます。ただし、買いだけなら儲かっていたのに、下手にカラ売りを入れて両建てしたことで利益を逃したり、両建てしたあとカラ売り玉を決済したら、さらに下がって買い玉の含み損が拡大するケースもあります。両建ても両刃《もろは》の剣ということです。

両建てを駆使して、リスクを減らしながら株価のうねりを利益に変えていく手法は「うねり取り」と呼ばれ、私、相場師朗も日々行う究極の奥義ですが、それをマスターするにはやはり「練習、練習、練習」「鍛錬、鍛錬、鍛錬」以外ありません。

まだ初心者で「信用取引や両建ては怖い」という人は、上昇トレンドのときだけ「まず100株だけ打診買い」、株価が高値越えしてトレンドが本物だとわかったら「さらに100株追加」、いったん下がってまた上がったところで「さらに100株追加」。その後、ある程度、利益が出たら「200株は利益確定。残りの100株は保有したままで、利益を伸ばせるところまで伸ばす」というように、買いの取引だけでも立派に「建玉の操作」をすることができるので、ぜひトライしてみましょう！

第9章

横ばい相場のトリセツ

～往復ビンタを避けつつ小銭を稼ぐ～

まず「横ばい相場」であることを察知する

上がる、下がると見てきて、最後に残ったのは「横ばい」の値動きになります。

私たち投資家は誰しも、明日が見えない中、トレードをしています。「横ばいの動きを狙う」ためには、今が果たして「ボックス相場」「往来相場」とも呼ばれる横ばい相場なのかどうかを事前に確認しておく必要があります。

向こうの壁まで歩く間に「落とし穴が3カ所ありますよ」と教えてもらえば、そろり歩くことで、落とし穴を回避することができるかもしれません。でも、落とし穴のことをまったく教えてもらっていない状況では、どんな達人でも奈落の底に落ちてしまうでしょう。

つまり、一刻も早く、「今の株価は横ばいなのかもしれない」と感知することが、横ばい相場という〝落とし穴〟で損をするリスクを防ぐことにもつながるのです。というのも、上昇相場や下降相場と横ばい相場とでは売買戦略が180度違うため、うっかり横ばい相場を見逃して「上がったから買い」「下がったから売り」というトレンド相場の手法を使って取引すると、「上がると思って買ったら下がる」「下がると思って売ったら上がる」という手痛い〝往復ビンタ〟を食らうことにもなりかねないからです。

「上昇相場では『上がったら買い』がセオリーだが、横ばい相場は上がったあと、すぐ下がってしまうので『上がったら売り』が基本になる。下降相場では『下がったら売り』がセオリーだが、横ばい相場では下がったあと、すぐに上がってしまうので『下がったら買い』がセオリーになる。トレンド相場か横ばい相場かを見誤ると、落とし穴にはまってしまう」

……ということをまずは理解しましょう。では、横ばい相場はいったい、どんなときにやってくるのでしょうか？　それは株価が上昇したり下落したりしたあとです。かなり大きな値動きで上や下に株価が動いたあとに初めて「横ばい相場」と呼ばれる〝凪《なぎ》〟の相場がやってくるのです。

株価の上昇も下落も加速しすぎてスピード違反になってしまうと、白バイがウゥ～ウゥ～とサイレンを鳴らしながらやってきてストップをかけるものです。そのことがよくわかっていれば、上昇相場や下落相場の途中、早めの段階で「やがて、いつかは横ばいになるはずだ」という目で値動きを見ることができます。

移動平均線でいうと、20日線が上向きで、そのうえ5日線が上向きで上がっているのが上昇トレンドでしたね。上昇が続くとやがて5日線が下落して、下の20日線と接触するようになります。

この〝おさわり〟が一度のみならず二度、三度起こって、5日線が20日線に頻繁に接触するようになったら、もうこれは「横ばい相場になったのではないか？」と疑っていいでしょう。5日線が上下動しながら横ばいになってくると、上向きだった20日線もやがて上向きから横ばいに転じます。すると、横ばいの20日線を挟んで、5日線が心電図のように上がったり下がったりする、横ばい相場特有の〝ゲジゲジ〟の動きが出てきます。

一連の流れを図9－1にまとめましたが、最後の〝うねうね〟、〝ゲジゲジ〟が続くようになったら、もう立派な「横ばい相場」です。

横ばい相場になったら、「上がったら買い」という上昇相場の成功幻想は通用しなく

図9−1 **5日線の"ゲジゲジ"が横ばい相場の特徴**

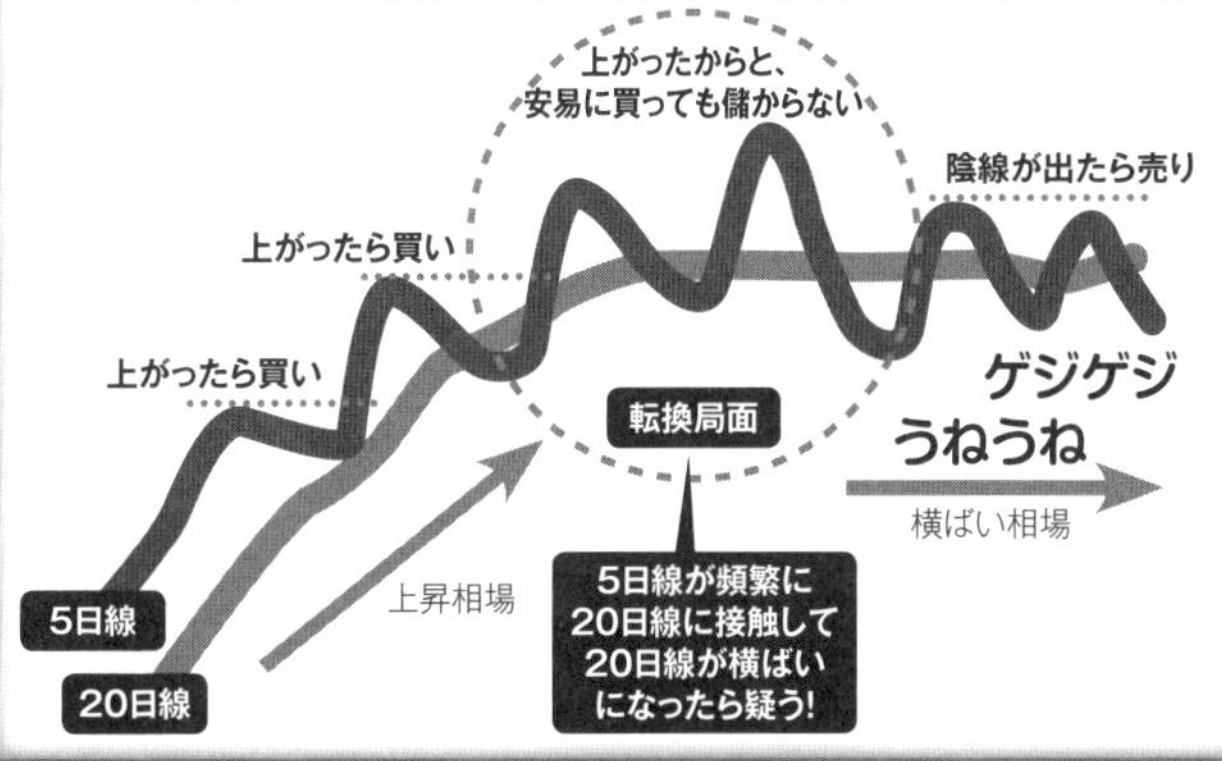

なります。「株価が前の高値を越えたから、さらに勢いよく上がるだろう」と思って買ったら、力なく下がって損してしまうことになります。ここはひとつ、考え方を180度変えて、「前の高値を少し越えたけれど、陰線が出たから売り」といった横ばい相場ならではの売買戦略に頭を切り替える必要があるのです。

特にトレンド相場から横ばい相場に移行した直後は鬼門。これからも力強いトレンドが続くのか、それとも、上がっては下がり、下がっては上がる横ばい相場に移行するのか、はっきりしないので、かなりの上級者でも騙されてしまいます。

5日線が20日線にぶつかるのが最初のシグナル

移動平均線をメインに考える場合、「これまでの上昇相場から横ばい相場に移行したかも?」と疑う最初のシグナルになるのは、5日線と20日線がともに上向きの状況から、まず5日線がポキリと折れ曲がって、一度、二度、三度と20日線にぶつかってくることです。

図9-2はオリエンタルランドの日足チャートですが、画面左で上昇が続いていた株価が画面中央では横ばい相場に移行しています。

その〝前夜〟を移動平均線の動きで探っていくと、図の❶でまず5日線が20日線に近づいて離れています。これは上昇トレンドにおける「ものわかれ」シグナルです。つまり、まだこの段階で横ばい相場を疑うのは早い、ということになります。

でも、5日線が前の高値を更新できず、今度は20日線の下まで突き抜けたら(❷)、「ひょっとして横ばい相場?」と疑いの目を持って見るべきです。その心配は杞憂《きゆう》に終

図9–2 **横ばい相場突入の"前夜"を見つける方法**

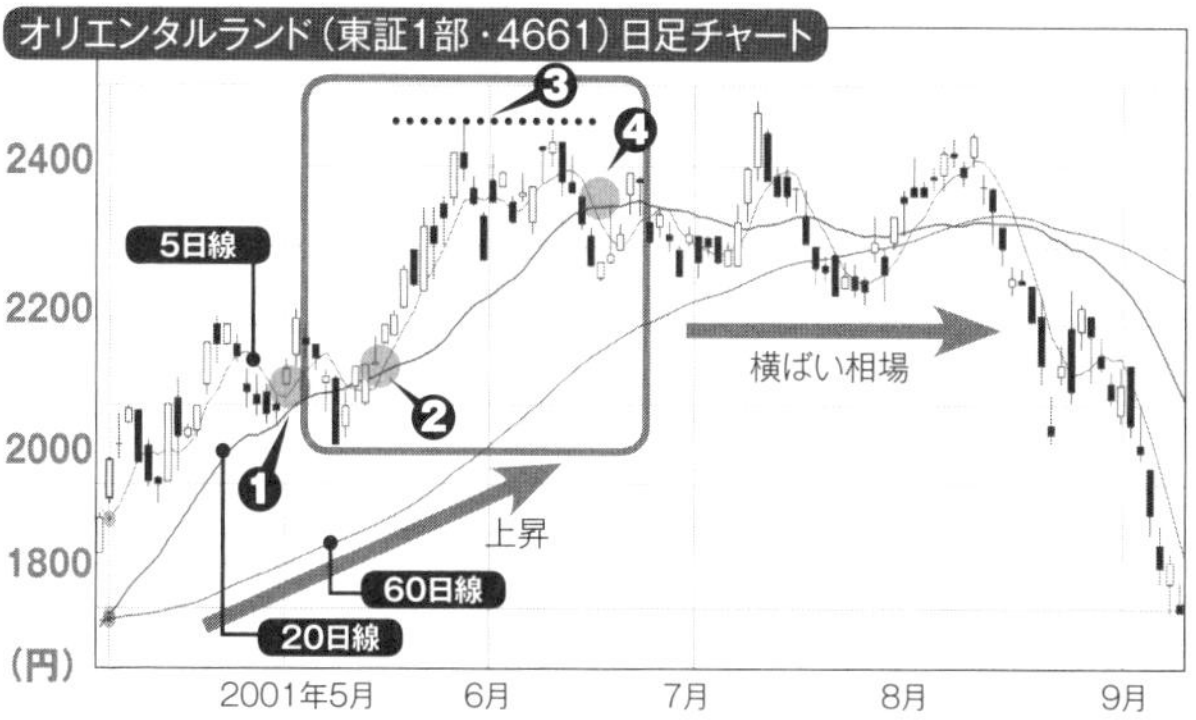

わり、株価はさらに上昇しますが、次に強力な横ばい前夜のシグナルになるのは、前の高値を次の高値が更新できなかった❸です。さらに、❹では5日線が20日線を割り込み、ついに20日線自体も上向きから横ばいに〝寝て〟きました。

この状況になれば、誰がどう見ても、横ばい相場。「5日線が20日線に何度も接触したり割り込んだりする」→「株価が高値を更新できない」→「ついに20日線が横ばいになった」というステップで、株価は上昇トレンドから横ばい相場に移行することを、しっかり〝頭の回路〟に焼きつけましょう。

横ばい相場は、ある一定の値幅を株価が行ったり来たりする状況をいいます。横ばい相場になるためには、まず「株価が前の高値を更新できない、かといって、前の安値も更新しない」という現象が起こる必要があります。「ここまで上がると必ず下がってしまう」という「上限」、「ここまで下がると不思議と反転上昇する」という「下限」が決まることで、初めて横ばい相場は横ばい相場として認識できます。そこで初めて上限に達したら売り、下限まで下がったら買い、という売買戦略を立てられるのです。

図9－3は先ほどと同じオリエンタルランドの日足チャートです。横ばい相場を見つけるためには、高値や安値を起点にした横線を引く習慣をつけましょう。❶の高値はその後、更新されたのでまだ上昇相場です。でも、❷の高値はその後も更新されることなく、結果的に横ばい相場の上限になりました。当然、❷の時点ではまだそのことはわかりませんが、❷の高値を抜けない❹の陰線が出現したことで、❷のラインを上限ラインと見なすことができるようになりました。

❸の安値はそのあとブレイクしてもみ合い価格を放れたので、ここは下限ではありません。しかし、❺の安値で反転上昇しているので、こちらが今後の横ばい相場の下

図9-3 横ばい相場の上限・下限を見つける方法

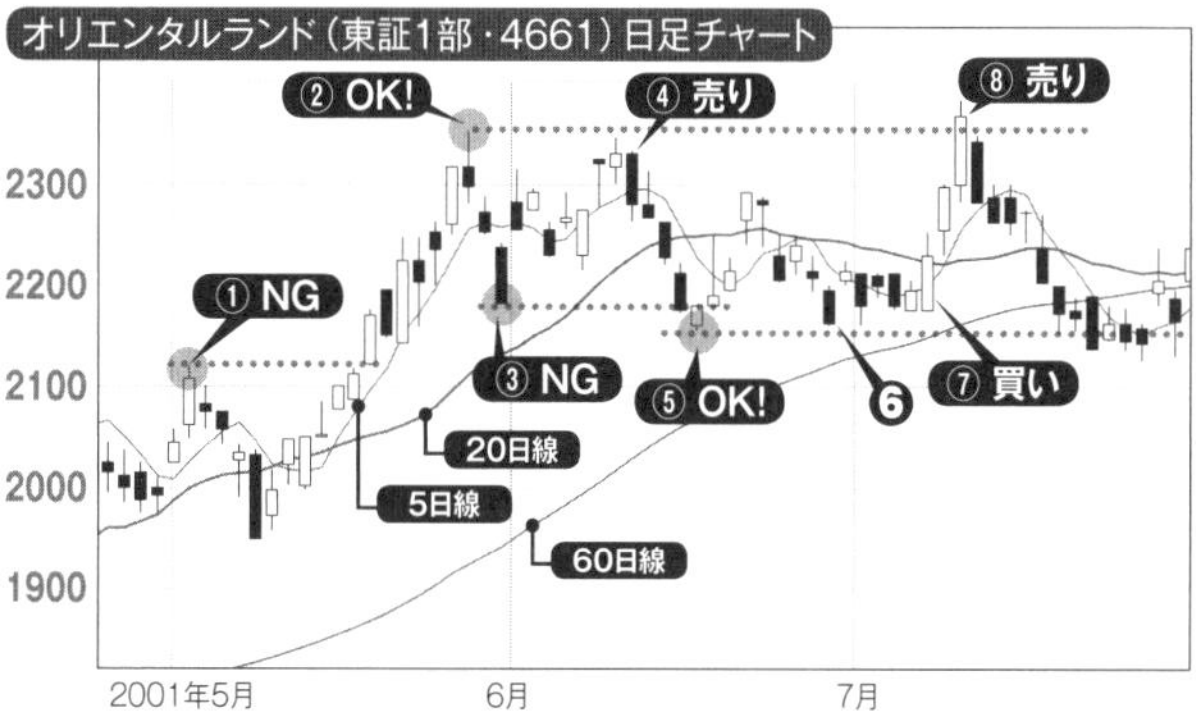

限候補になります。その後、❻の陰線がちょうど❺のラインで下げ止まっているので、これで安値❺が横ばい相場の下限ラインとして確定しました。

上限・下限が決まればもう簡単です。「下限近くになったら買い、上限近くになったら売り」を繰り返すだけ。図では❼の「下半身」で買い、❽は大陽線ですが、❷の上限ラインに達しているので打診売り。案の定、その後、❺の安値ラインまで下がったので大成功となりました。とにかく横ばい相場では「暫定的でもいいから、株価の上限・下限をいち早く見つける」ことが〝儲けの種〟になります。

横ばい相場の「次」も視野に入れた取引法

横ばい相場は「上昇→横ばい」という天井圏だけでなく、「下落→横ばい」という大底圏にも出現します。そのほかにも「上昇→横ばい→再び上昇」といったトレンド相場の途中でも起こります。

いずれにしても、横ばい相場のあとは、その上限・下限ラインがブレイクされて、必ず上昇もしくは下降相場がやってきます。この上昇・下降相場が実においしい！

横ばい相場では来たるべき次のトレンド相場も視野に入れて取引すべきなのです。

図9‐4はオリエンタルランドのチャートですが、これまでと反対に下落が続いたあと、下げ止まって横ばい相場を形成し、その後、底打ちから上昇に転じています。

下げ相場から横ばい相場への移行前夜といえるのは、❶で5日線が20日線にからみついて、いったん下げ止まったあたりです。その後、❷の安値を❸の安値が割り込まず、かといって❹の高値を❺の高値が越えられないことで下限・上限が決まり、横ば

図9–4 **下落後の横ばい相場とその後の上昇相場**

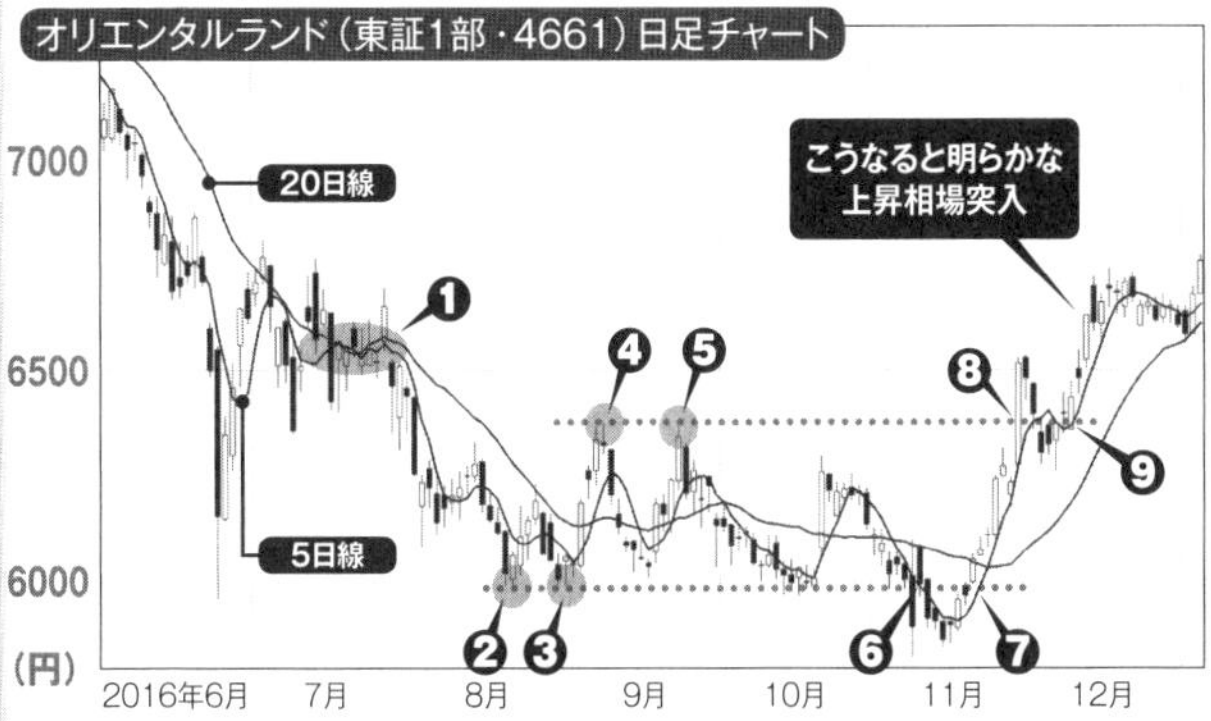

い相場に移行。❻の大陰線で❷の安値ラインを割り込みますが、❼で再び回復。横ばい相場継続と考えて、ここで「下がったら買い」を入れておけば❽の大陽線まで横ばい相場のレンジ幅すべてを利益に換えることができました。

❽で横ばい相場の上限を突破したら、「これは上昇に転換か？」という見方をすべき。いったん下がったあと、❾の大陽線は横ばい相場の上限を突破し、5日線に対して「下半身」の形になっています。そうです、明らかな上昇相場突入シグナルです。❾の時点では売りではなく買いで勝負したいところですね。

一方通行でどんどん上がったり下がったりするトレンド相場と違って、横ばい相場では株価が狭い値幅の中を上下動するだけです。そのため、「横ばい上限で売り、下限で買い」という細かい売買を何度も行《おこな》って、最初の下げで日曜日の外食代、次の下げで息子の塾代、次の上げで……と、コツコツ稼ぐのが取引の基本戦略になります。

図9-5・Aは図9-4のオリエンタルランドの日足チャートをクローズアップしたものです。下げ相場から横ばい相場に移行するときは、まず株価が前の安値を割り込まずに上昇するところから始まります。図9-5・Aでは❶の大陽線がまさにそう。この大陽線は5日線に対して「下半身」になっていますから、気持ち的には買いたくないと思っても、相場式では買うべきポイントになります。

下限が決まったあとは上限探しになりますが、❷の小陰線で下落したことから、❷の上ヒゲのてっぺんあたりが来るべき横ばい相場の上限かもしれない、と判断できます。そうであれば、❸の「逆下半身」で積極的に売っていくべきです。

これまではずっと下げ相場でした。なのでいったん株価が下げ止まって反転上昇したからといって、横ばい相場に移行せず、下げ相場が継続する可能性もあります。つ

図9−5·A 下落後の横ばい相場は買い1:売り2で勝負

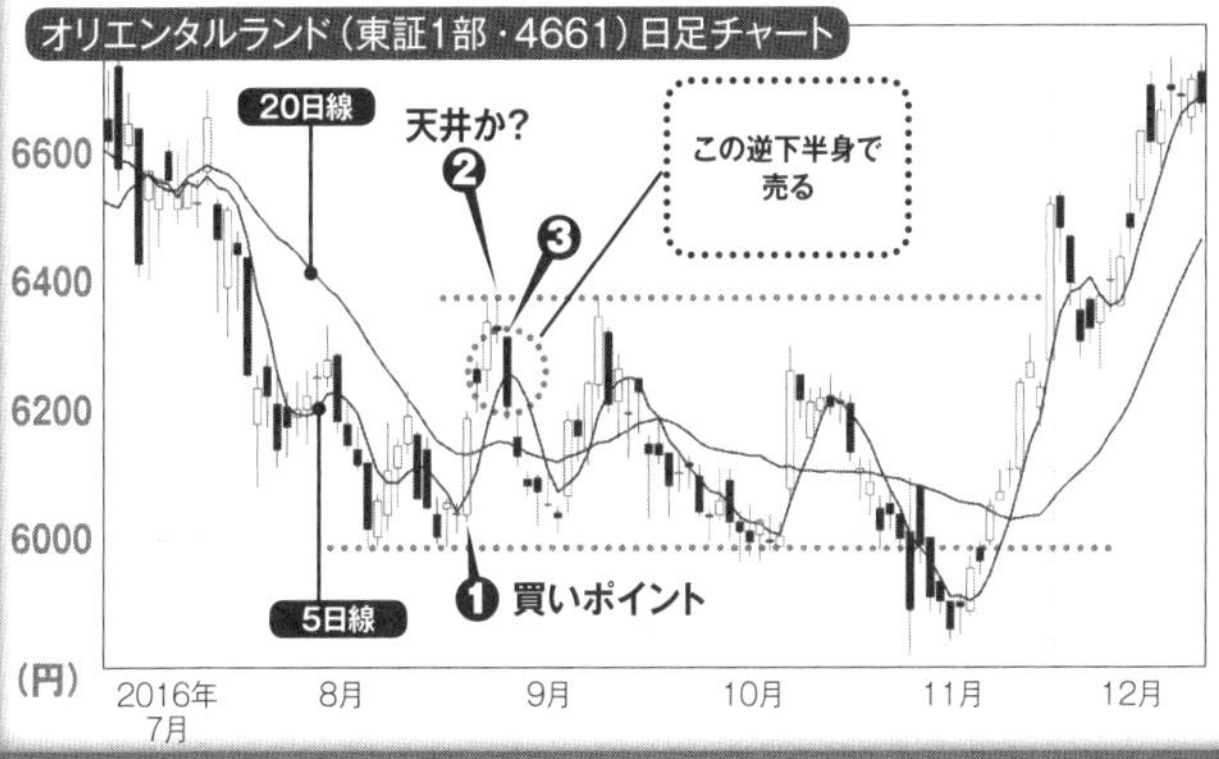

まり、❸の「逆下半身」が下げ相場再開の号砲になる可能性もあるわけです。そのため、下げ相場からの横ばい相場では、「下がったから買い」以上に「上がったから売り」のほうが安全度の高い取引になります。下限買いの建玉が「0-1」なら上限売りでは「2-0」というふうにカラ売りは買いの2倍の数量で取引するなど、下げと上げで強弱をつける方法も。

その後、次ページの図9-5・Bを見ると横ばい相場の下限ラインより少し上で❹の陰線が出現。ここで打診買いしたうえで❺の「下半身」出現でさらに買い玉の数量を増やしてもいいでしょう。

横ばい相場の上限・下限が決まったら、あとは、「上限に達したら、たとえ陽線でも打診売りする→その後の『逆下半身』で追加売りする」、「下限に達したら、たとえ陰線でも打診買いする→その後『下半身』が出たらさらに追加で買い増す」というトレードを繰り返していきます。

さらに続きを見ると、❻は大陽線となっていますが、上ヒゲが高値の上限ラインに接しているので打診売りをしても構いません。翌日の始値が下げたことを確認してから売っても、❼の大陰線をまるまる一本、売りでとることができました。

その後、❽の陽線は横ばい相場の下限ラインに出ているので、「下半身」シグナルになっていなくても買い。

❾の陰線は、レンジ相場の上限まで株価が上昇しないまま、再び下げている局面で出現していますが、「逆下半身」なので迷わず売ります。

横ばい相場だからといって、必ずレンジの上限・下限まで行ってから反転するというものでもありません。レンジ内の途中で上がったり下がったりすることも多いので、そういうときは5日線に対する「下半身」「逆下半身」シグナルを頼りに、売買する

図9—5·B **レンジ相場でも「下半身」「逆下半身」が有効**

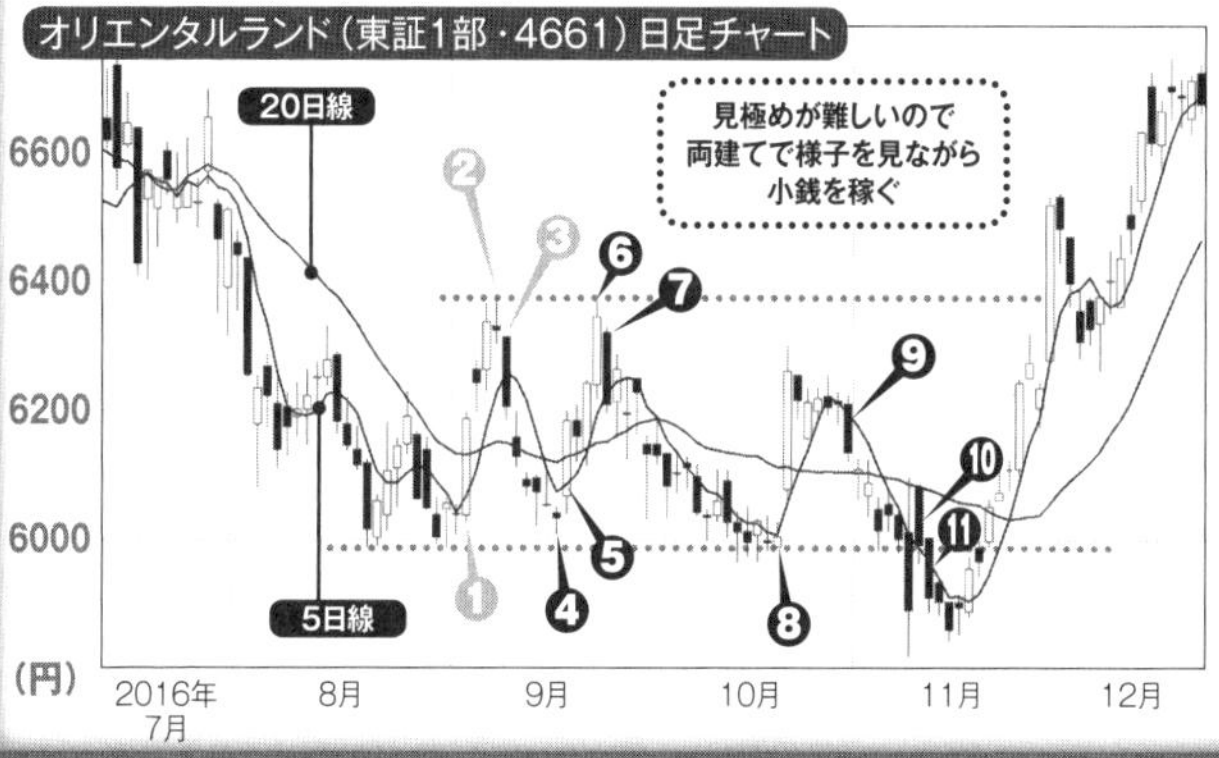

ポイントを探していきます。

⑩はいったんブレイクして安値ラインを回復しているので、たとえ大陰線でも買うのがセオリーになります。でも、ここはその後、下がって失敗に終わっていますね。そりゃ長い人生、成功もあれば失敗もあります。

失敗したときは損切りするのもひとつの考え方ですが、「両建て」で様子見をする方法もあります。⑩の大陰線で買って建玉を「0-1」とした場合は、⑪の陰線で「あっ、失敗した」と考えて新規にカラ売りして、建玉を「1-1」にしておけば、その後、株価が横ばい相場の下限ラインで陰線を連発していても、損益はプラスマイナスゼロのままで様子見を決め込むことができます。

場合によっては、⓫の陰線で横ばい相場の下限かつ5日線を「逆下半身」で派手に割り込んだわけですから、「これは横ばいから下落相場に再び戻るかも」と考えて、カラ売りを増量して建玉を「2－1」にしてもいいぐらいです。

結局、「下げ相場突入か」という心配は杞憂に終わって、⓬の陽線が「下半身」を形成しています（図9－5・C）。ここでは「やっぱり下落ではなかった」ということで、追加したカラ売り玉をひとつ手じまい、建玉を「1－1」にします。

すると、⓭で横ばい相場の下限を突き破るような陽線が出たではありませんか。「これは横ばい相場の反転上昇が復活したな」と、すかさず様子見のために入れたカラ売り玉を決済して「0－1」と買いオンリーの建玉に切り換えます。

とにかく、実戦トレードでは失敗に固執しないこと、過度に悲観的になって思考停止に陥らないことが重要です。「失敗は成功の種」と考えて、相場式「建玉の操作」で失敗の痛手をカバーしつつ、両建てで次なるチャンスを待つのです。

図9−5·C **失敗しても「建玉の操作」でカバー**

すると、どうですか！　反転上昇が続き、⓮で見事な大陽線が登場したではありませんか。

ここは次の陰線でいったん買いを切って「０－０」で様子見（常にポジションを持っていなくてもＯＫ）。すでに横ばい相場の上限はブレイクされていますし、５日線だけなく20日線も上向きに転じているので「これは上昇相場入りか」という目で値動きを見るべき時期が到来しました。

⓮の大陽線のあと、いったんは横ばい相場の上限の下まで下落しましたが、そこに⓯の大陽線が横ばい相場の上限を突破し、しかも「下半身」の形で登場してい

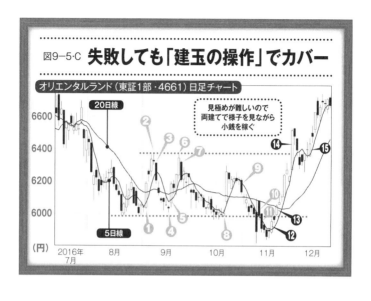

ますね。ついに来た！
この〝燦然《さんぜん》と輝く〟（輝いていませんか？）⑬の大陽線は横ばい相場の終焉シグナルであるだけでなく、⑪の陰線あたりを起点にした上昇相場における「ものわかれ」シグナルにもなっています。

横ばい相場の最後とその後のトレンド相場の最初は必ずオーバーラップするもの。横ばい相場の上限・下限がブレイクされたら即、「これはトレンド相場の初動段階か？」と疑うクセをつけましょう。

だって、一番おいしいのは横ばい相場そのものではなく、そのあとで始まるトレンド相場だからです。

相場'sまとめ
横ばい相場の取引は結構難しいのでその後のトレンド相場誕生を虎視眈々と待つのもひとつの考え方です。

第10章

実戦トレーニング！一生使えるショットガン投資法

ショットガン投資法とは？

相場式トレードの最終奥義は、信用取引を使って買いとカラ売りの建玉を操作して、上昇トレンドでは買いを増やし、下降トレンドではカラ売りを増やして、株価の値動きすべてを利益に換えていく「うねり取り」です。

でも、初心者の方がいきなり、高度な技術が必要な両建てを行うと、上がる局面なのにカラ売り玉ではなく買い玉をはずしてしまって大損などという結果になりかねません。やはり、もっとシンプルに買いなら買いだけ、売りなら売りだけで、まずは相場式トレーディングに慣れていただいたほうがいいでしょう。

そこで私、相場師朗が編み出したのが「ショットガン投資法」です。

これまで紹介した「下半身」「くちばし」「ものわかれ」「N大」「高校生タイム」といった売買シグナル、さらには「7の法則」やキリのいい株価、前の高値・安値ブレイクなど、株価の流れの道しるべになる〝目印〟をフル稼働させた短期売買が、ショットガン投資法です。

日本の株式市場には約3800銘柄の企業が上場しています。その中で現物買いもカラ売りも自由にできる貸借銘柄で、出来高が1日200万株近くある株、さらに「JPX400」や「日経225」の採用銘柄という条件を満たすのは、数百銘柄になります。

ターゲットが数百銘柄もあれば、その中には必ず相場式の売買シグナルが点灯した〝おいしい銘柄〟があるもの。特定の銘柄にはこだわらず、「自分の得意ワザが存分に使えそうな局面にある銘柄」を狙えば、たちまちのうちに株式市場をあなた専用の〝ATM〟に換えることができます。

夫婦関係で浮気や不倫は厳禁ですが、株の取引ではどんどん浮気していいんです。銘柄の浮気はOKとして、得意ワザは「ものわかれ」しかなくても大丈夫ですよ。

JPX400の採用銘柄のチャートをひとつひとつ見ていって、今、5日線と20日線が並んで上がっていて（もしくは下がっていて）、5日線が20日線に近づきつつある銘柄を探せばいいだけ。その銘柄を日々、観察して、いったん20日線に近づいた5日線が再び20日線から離れていき、5日線上に「下半身」の陽線が立ったら買い、「逆下半身」の陰線が立ったら売りを仕掛けていけばいいだけです。どうですか、これなら初心者の方でもできそうでしょう？　トレード日数は「7の法則」に従えば1週間程度ですが、週に一度、お小遣いを稼ぐにはぴったりです。

ショットガン投資法の基本戦略は、

●保有期間は1〜7日でさっと決済する

●原則は順張りで短期的な株価の勢いに乗ることだけを心がける

●ローソク足の陽線で買い、陽線が続く限り保有、陰線が出たら利益確定

●陽線が続いていても、終値が前日より低ければ利益確定

というシンプルなものになります。

とはいえ、ショットガン投資法で儲けるためにはチャートを見て、「あっ、ここではこのワザが使える」と、肝心の売買シグナルや目印を発見できないことには始まりません。

図10－1は相場式の日々の練習に使うシグナル発見用に掲載しました。下段の答えは見ずに、上段の何も書き込まれていないチャートにシグナルや目印を見つけていっ

図10−1 チャートを見てワザ・目印を書き込む

三井住友フィナンシャルグループ（東証1部・8316）のチャート（上下とも）

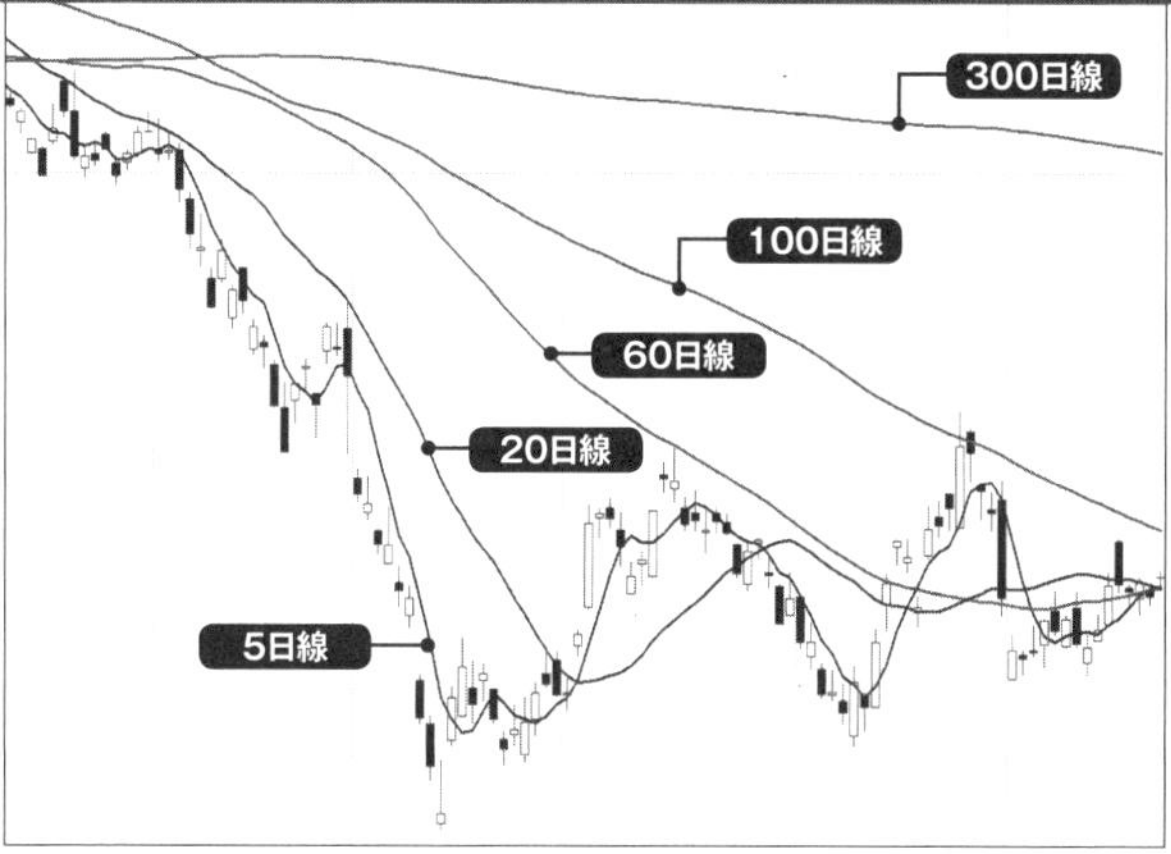

相場式のワザを書き込む

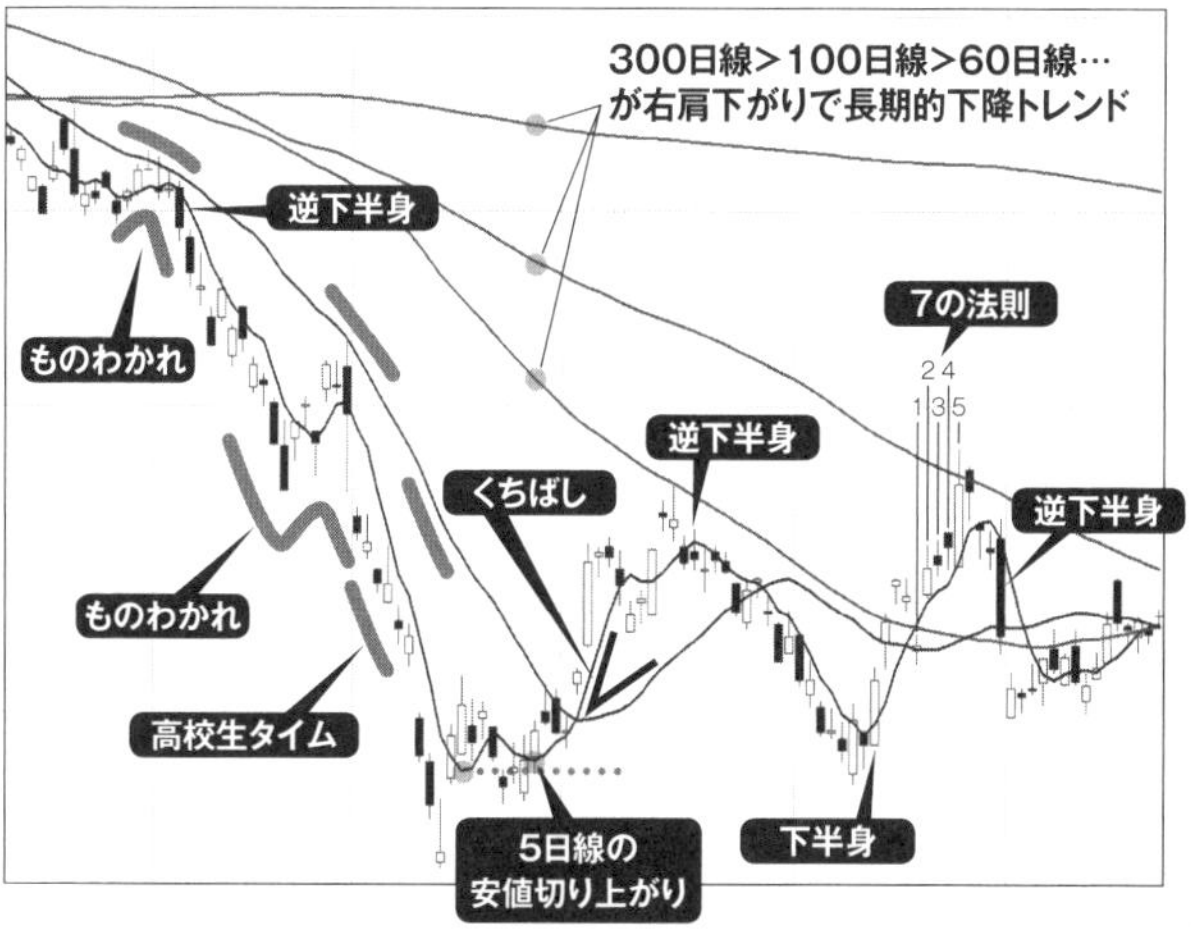

てみてください。とにかく「発見」が株で利益を得るための第一歩になります。図10－1のような練習を3000枚やったら、実戦トレードでもう負けなくなります。1万枚やったら1億円トレーダーになっても不思議ではありません。

チャートを見て、たくさんのシグナルや目印を発見できるようになったら、次は図10－2のように、「では、シグナルの出たチャートで実際にどんな売買をするか」をイメージトレーニングして、実戦に備えましょう。

画面左では「ものわかれ」が二度起こっています。❶の「逆下半身」でカラ売りして❷の陽線で利益確定。❸の陰線は5日線の下で終わっているものの、下ヒゲが長いので逆下半身ではありませんが、「ものわかれ」シグナルが点灯しているので再度、カラ売り。その後、大きく下落して、途中で陽線が出ていますが、ことごとく終値が下がっているので、❸の「逆下半身くずれ」から数えて10日目の陽線❺で利益確定。この下落は9日間も続いていますから、「7の法則」からすると、その前の❹の陽線で利益確定か、「高校生タイム」が継続しているので❺まで我慢することもできたと思います。

その後は5日線の安値切り上げや「下半身」を材料に❻の陽線で買い。❼の陽線は

図10−2 **仮想売買を繰り返し実戦感覚を鍛える**

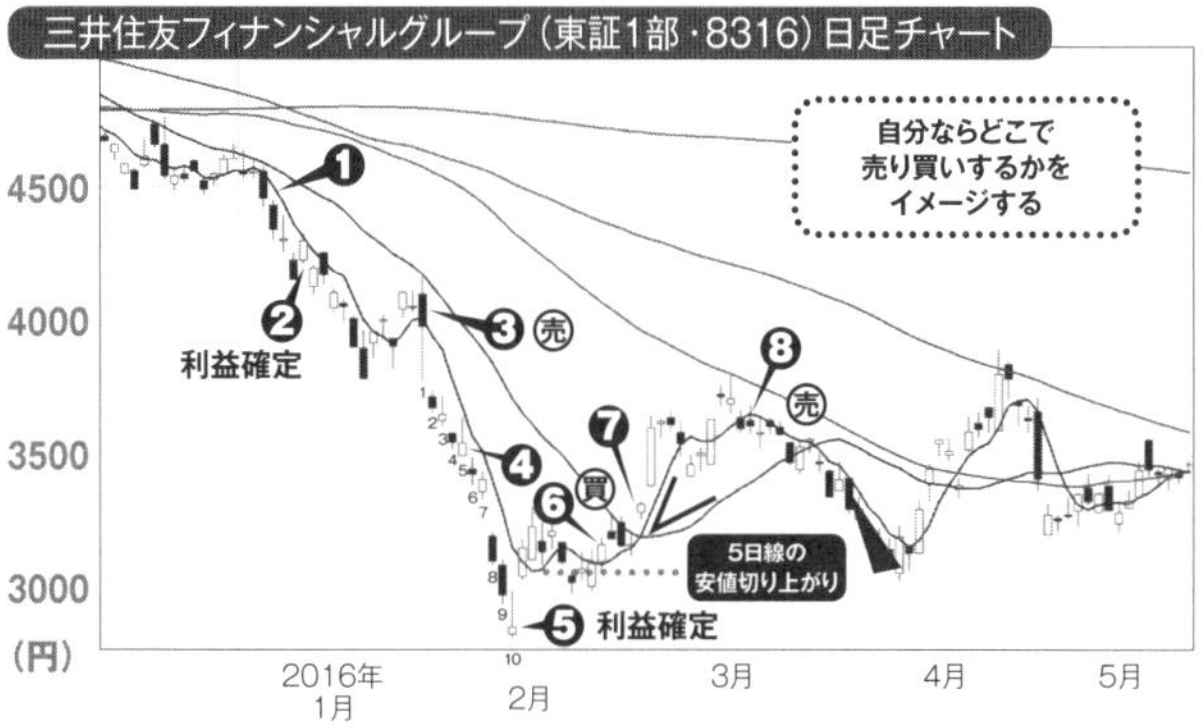

「くちばし」シグナル完成なのでさらに買い増しをします。

上昇が続いたあと、株価が下向きの60日線にぶつかったあたりでは「そろそろ下がるかも」と準備。❽の「逆下半身」以降は売り転換して下げをとっていきます。

このように、チャートの売買シグナルから「自分ならどこで取引を開始するか。そして、どこで利益確定して、また次の取引を狙うか」をイメージしていけば、もはや実際に取引しているのと同じ。今、まさに株式市場で取引されている「答えのない本物のチャート」でもかなりの勝率を残せるはずです。

下半身・逆下半身だけでもショットガンは可能

買いなら買いだけ、売りなら売りだけのシンプルさが魅力のショットガン投資法とはいえ、できれば複数の売買シグナルや目印など、相場式のワザを組み合わせて売買判断していったほうが、より勝率も上がるはずです。

でも、最初からそれは難しい。まずは「下半身」「逆下半身」だけを使って、高い勝率をおさめることを目指しましょう。

「下半身」は5日線の下にあった株価が、5日線の上に陽線で体半分以上、突き抜けたときに完成します。短期的な値動きの強さに乗って、その後、数日続く上昇で稼ぐという意味では、ショットガン投資法にとって最適・最良・最善の売買シグナルです。

相場式トレードは、その日のローソク足の完成を待って取引を開始します。翌朝の始値まで待つケースもありますが、午後2時半以降にその日のローソク足が「下半身」になりそうだとわかったら、引け成行注文を出して終値で確実に買うほうが、できた

図10-3 **下半身ショットガンの投資ルールと利益**

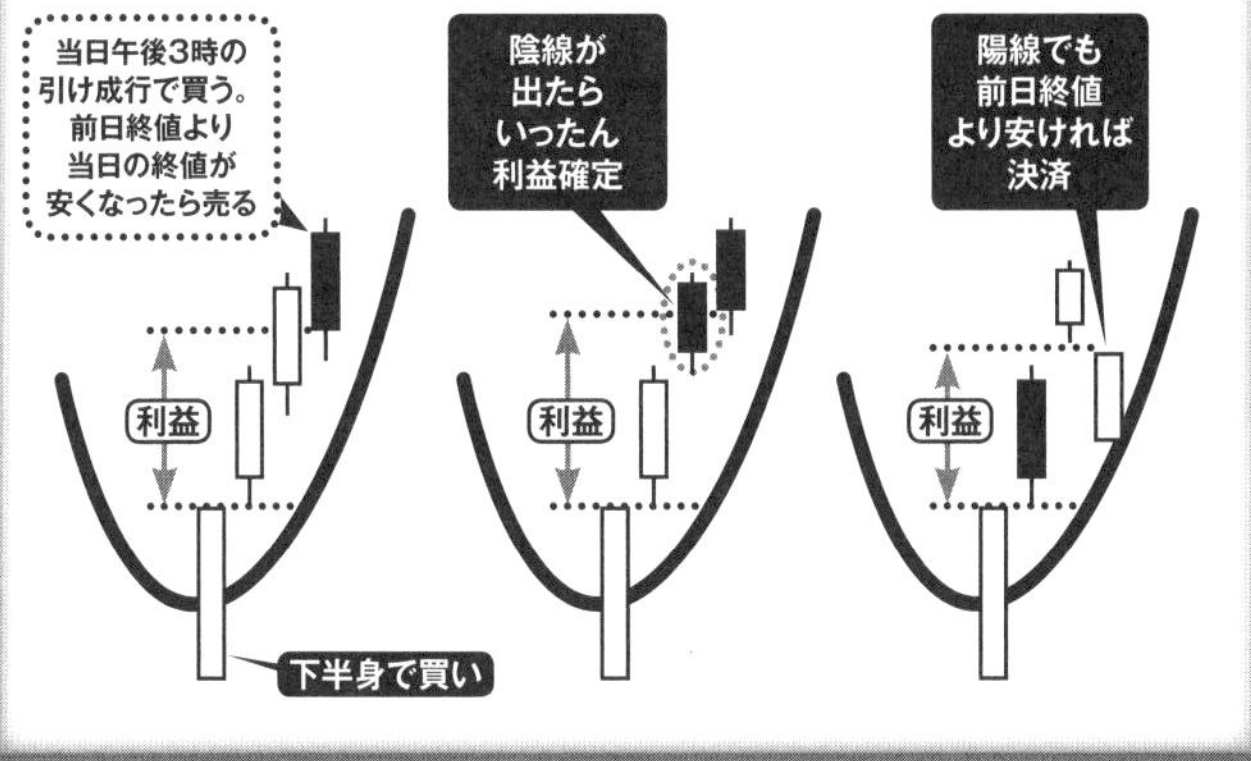

てホヤホヤ〟で買えます。

「下半身」は必ず陽線でないといけないのがルールですから、この場合、買いのエントリーポイントはその日のローソク足（陽線）の上辺になります。

そして、そこから翌日の終値が前日の終値を下回らない限り、買いポジションを継続します。図10-3に示したように、陰線が出たら利益確定しましょう。1銘柄にこだわりすぎず、ほかの安全な銘柄を探したほうが無難です。

また、ローソク足が陽線でも、前日の終値より当日の終値が安くなっている場合は、こちらも決済してしまうことをすすめます。

この章の冒頭でも書きましたが、ショットガン投資法は、基本的に短いタームのトレードの繰り返しです。陽線が連続している限りは保有、陰線出現で売り、当日の終値が前日の終値より低くなったら売り、というルールを守ってシンプルなトレードを心がければＯＫ！　ザラ場は見なくてもいいですから、会社員の方もできますね。株価が動いている様子を見てハラハラしたり悩んだりすることもありません。

図10‐4は三井住友フィナンシャルグループの日足チャートですが、まず上段の何も書かれていないチャートを見て、

「5日線上の陽線＝『下半身』で買って、終値ベースで下落するまで買い継続」

「5日線上の陰線＝『逆下半身』で売って、終値ベースで上昇するまで売り継続」

というルールに従って買えるところ、決済するところを自分なりに探してみてください。

下段のチャートが前半部分の答えになりますが、どうですか？

非常に短期間の値動きでも「下半身」「逆下半身」シグナルだけでたくさんの取引チャ

図10−4 勝率7割。下半身・逆下半身だけで十分稼げる

三井住友フィナンシャルグループ（東証1部・8316）のチャートです（上下とも）

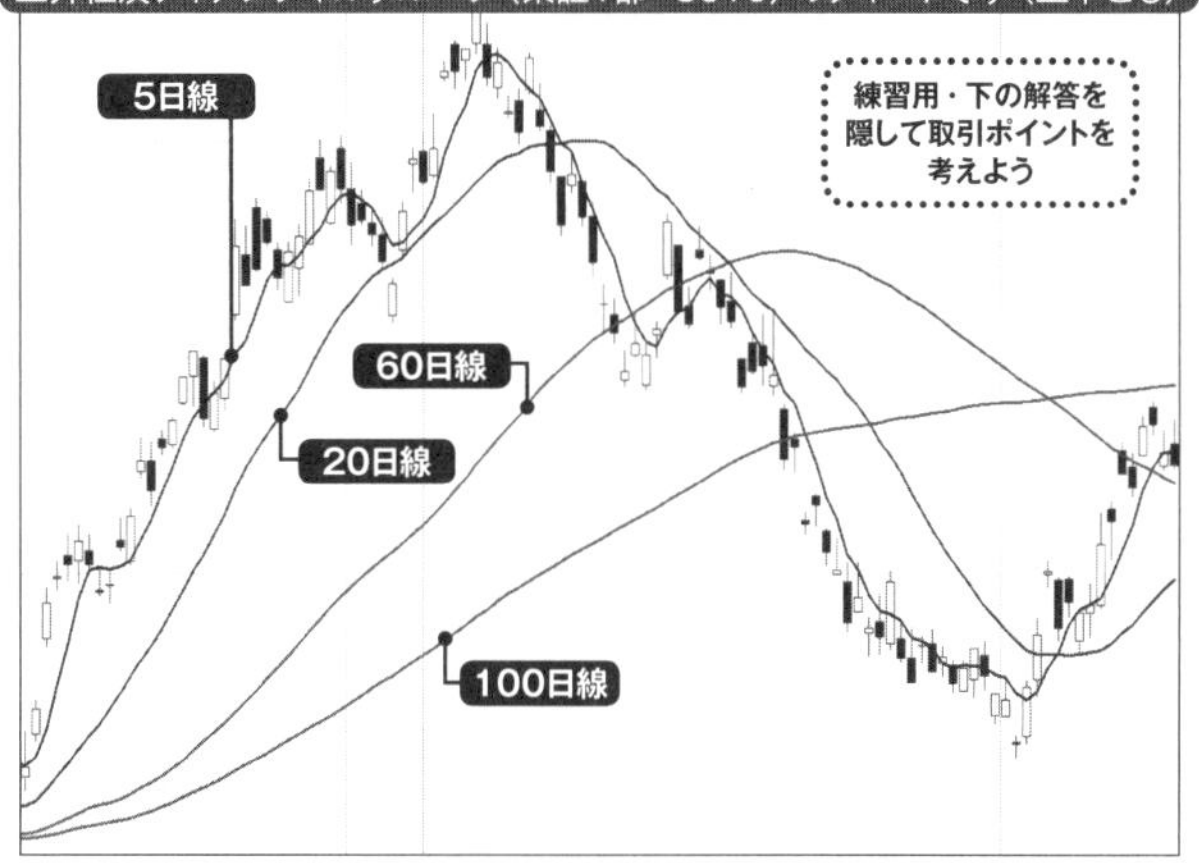

5日線
20日線
60日線
100日線
練習用・下の解答を隠して取引ポイントを考えよう

ショットガン投資法の取引ポイントはこんなにある

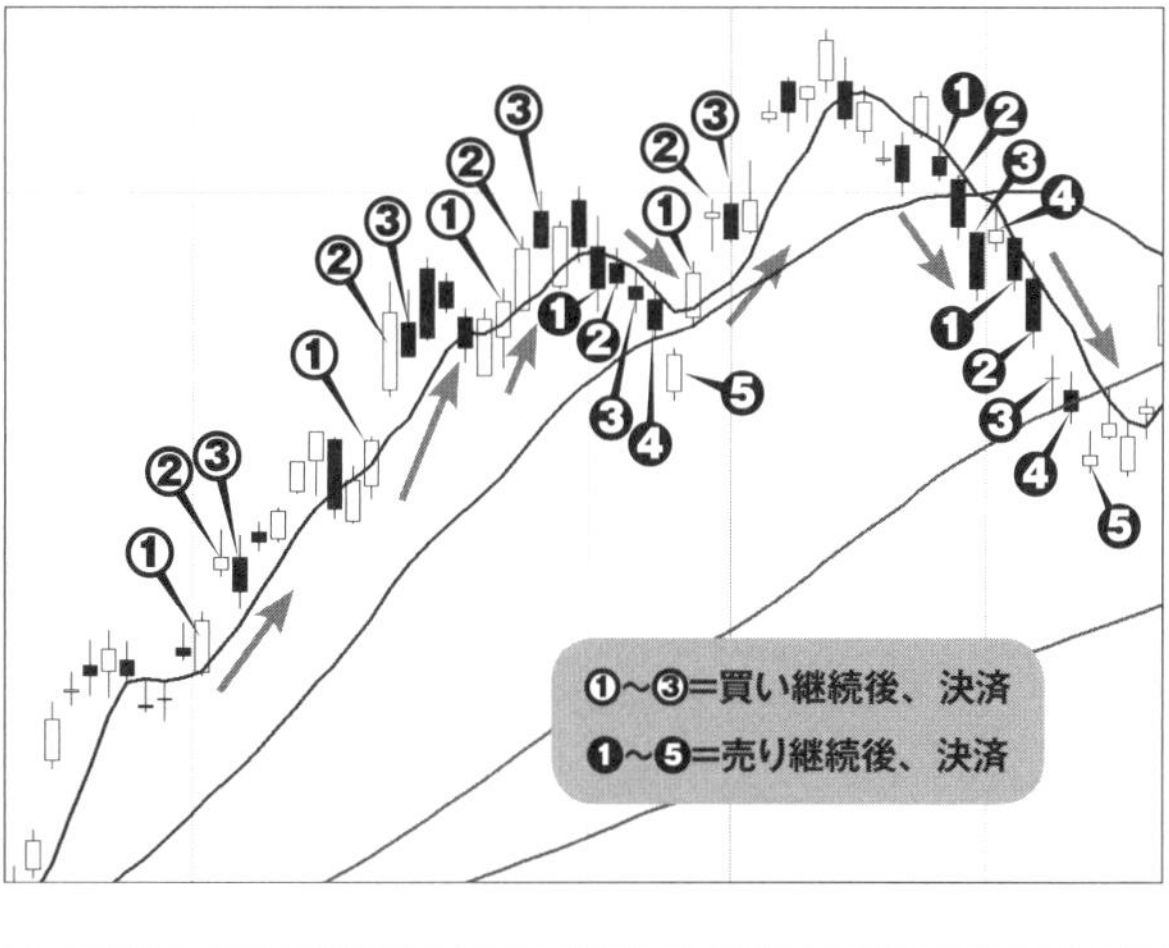

①〜③=買い継続後、決済
❶〜❺=売り継続後、決済

ンスがあり、実際に利益も着実に上がっていることがわかります。

図10－5は図10－4の日足チャートの後半部分ですが、下げ相場から横ばい相場を経て、反転上昇に転じている局面になります。

値動きの中で「逆下半身」や「下半身」で買って、どれぐらいその勢いが続くかを見ていくと、たとえばAのゾーンのように、❶の陰線が5日線を大きく割り込んで「逆下半身」となったものの、❷の小陰線が始値、終値ともに❶の「逆下半身」の終値より高く、厳密なルールでいくと、❷で損切りになる場面が見つかります。

でも、この局面では5日線と20日線が下降トレンドまっしぐらの「高校生タイム」を形成していて、しかも❷の陰線は横ばいの100日線に頭を押さえつけられた格好になっています。「まだカラ売りを決済するのは早すぎるだろう」と判断できれば、その後、❸の陰線まで利益を伸ばすことができました。その後も❹の陰線は❸より高いところにあるので本来ならばここで利益確定ですが、「高校生タイム」はまさに絶頂期。❹での決済も我慢できれば、結果的に❽の陽線が出るまで、カラ売り継続で大きな利益を上げることができました。

図10−5 **ほかのシグナルも利用して利益を伸ばす**

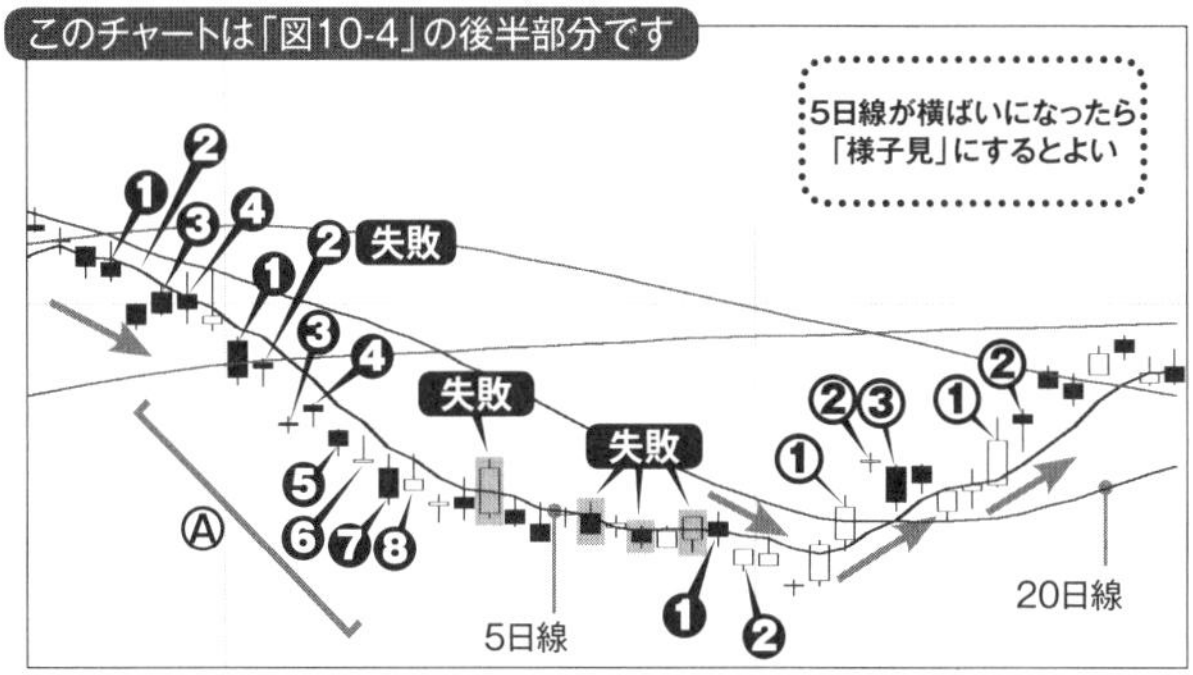

この期間中のトレードで、シグナルがはずれたローソク足に「失敗」の文字をつけましたが、成功したトレードに対して失敗したシグナルは半分以下。良好な勝率を残すことができるのです。

ちなみに、「下半身」「逆下半身」シグナルは5日線が横ばいになって短期的な値動きに勢いがなくなると失敗が連続することが、図の画面中央の結果からもわかります。その弱点を意識して、「5日線が横ばいになったら様子見」といった補強ルールを加えると、「下半身+ショットガン投資法」により一層、磨きがかかるはずです。

「下半身」が「逆下半身」より当たりやすい理由

ちなみに、「下半身」と「逆下半身」はどちらが当たりやすいのでしょうか？　ふと我に返るとちょっと恥ずかしい疑問ですが、ここまで読んでいただいた方にはきわめて真面目な質問だということはもう、おわかりですよね。

結論を先にいうと、「下半身」シグナルのほうが精度が高いというのが、株式チャートを10万年分見た私の見解です。

「逆下半身」は相場の天井圏やいったん上昇したあと下がるときに出るシグナルですが、「逆下半身」が出ても「それでも買いたい」という投資家が多いため、シグナル点灯後に買いと売りが拮抗して横ばい相場に移行する可能性が高いのです。

株価というのは天井圏に達すると、いきなり下がるのではなく、横ばいのボックス相場をつくってから下がることが多いので、「逆下半身」で陰線が出たあと、再び5日線の下や上に陽線が出現するケースが増えます。つまり、「まだ買いたい」という投資家と「もう売りだ」という投資家が勢力争いを繰り広げていて、相場がどっちに行くか迷っている状況といえるでしょう。

それに対して、「下半身」が出現するのは株価が急速に下げたあとや大底圏でもみ合いが続いたあとになります。株を墓場まで持っていく人がいないように、株を買うときに比べて株を売るときのほうが投資家には迷いがありません。「とにかく売り！」とみんなが売るから、大暴騰に比べて大暴落が起こる頻度が高いのです。

つまり、じわじわ迷いながら上がっていく上昇相場に比べて、下落相場はスピードも下落する角度も急激なものになりがちということ。そのため、いったん下げ止まると反転上昇も早いのです。「下半身」はまさにそうした下げ止まりの明確なシグナルなので、逆下半身よりも当たりやすいわけです。

また、いったん「下半身」で5日線の上に出たあと、一本は陰線が出て下げることもありますが、その一本の下げを我慢したらそこから上げるケースも多いので、我慢する価値があります。さらにもう一回下げたら損切りになりますが、大陽線でいったん上がってからの下落ですから、それほど痛手は大きくなりません。

対して、「逆下半身」シグナルが出ても急落せずに再び高値でボックス圏をつくる場合は、そのまま、かなり長期間、横ばいで推移するケースも多いですね。そうなると「逆下半身のシグナルが出たので売ったら、また上がってしまった！」というボックス相場特有の〝往復ビンタ〟を食らいやすいので要注意です。

ショットガン進化形・相場流ショートトレード

ショットガン投資法の進化形といえるのが、第8章の最後に紹介した「建玉の操作」を行う「相場流ショートトレード」です。

ショートトレードの基本的なコンセプトは、株価の大きな方向性が上昇なら買いポジション中心で保有していき、株価の揺り戻しが起こったときは買いのほかにカラ売りポジションも両建てして、買いで積み上げた利益を守ること。「もう大丈夫」という局面になったら即座にカラ売り分は決済して、買いポジションだけに戻し、ショットガン以上の大きな利益を狙います。

図10-6・A 横ばい継続時点で大相場を狙って仕込む

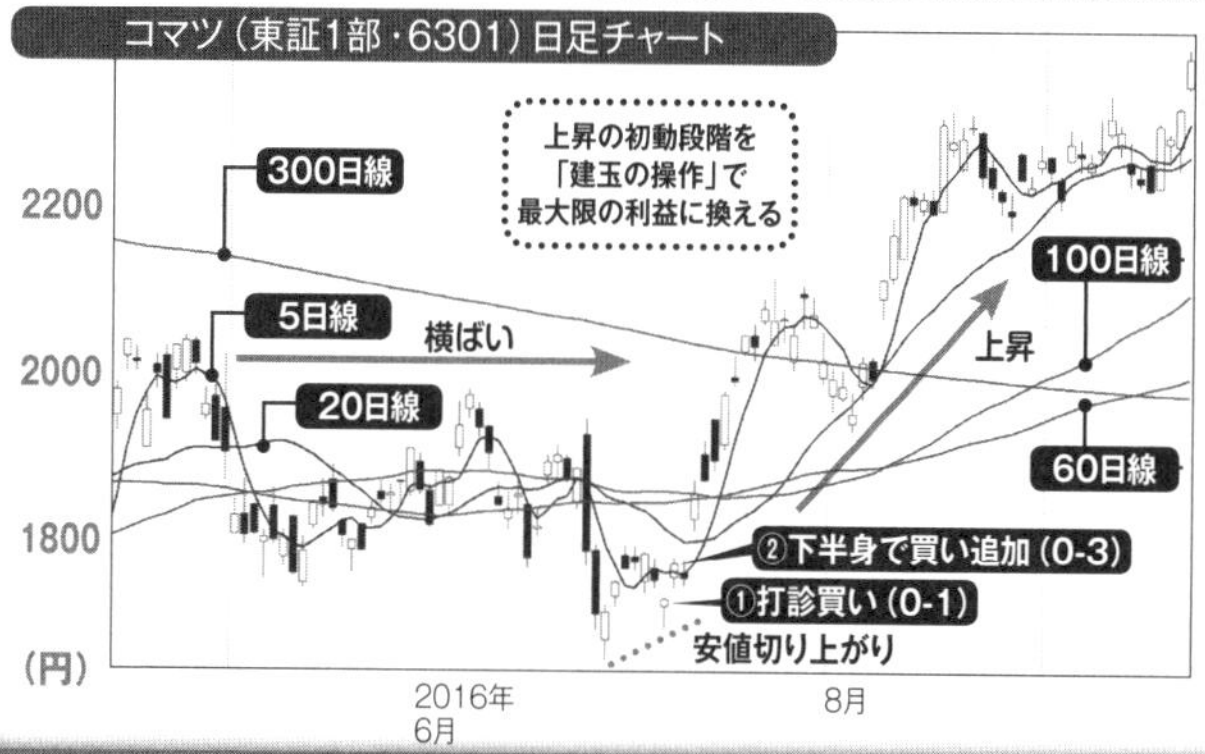

図10－6・Aはコマツの日足チャートですが、画面左で横ばい相場が続いたあと、右側で上昇相場に転じています。

横ばい相場では5日線から100日線までが狭い範囲で横ばい推移しており、「いったん寄せ集まった移動平均線はやがて上か下に大きく離れる」という経験則を活かして、次なる大相場を横ばいトレンドが続いているうちに狙っていきたいところです。

まずは株価や5日線が前回安値を下回らなかった❶で100株、打診買い（「0－1」）。❷の「下半身」で買いを200株増やして建玉を「0－3」にします。

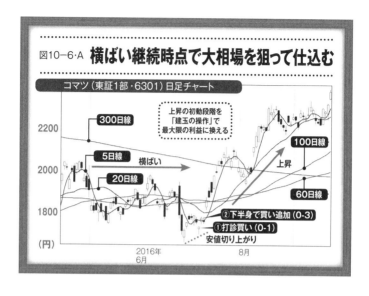

「下半身」出現の次の日は5日線上の小陰線で終わりますが、ここは我慢します。すると次の日には大きな窓をあけて陽線が登場。横ばいの60日線が100日線にぶつかっています。翌日〜翌々日には60日線が100日線越えを果たしたものの、さすがに上昇が急ピッチですね。前の高値ラインに到達したこともあり、ここからは下がりそうな予感も。そこで❸でヘッジ目的のカラ売りを200株入れて建玉を「2－3」にすることで、下がってもこれまで上げた分の利益が残るように保険をかけます（図10－6・B）。

すると❹の大陽線が出現し、前の高値を難なく突破しました。このとき、5日線と20日線に注目すると、ともに上向きの状態で5日線が20日線を上抜いており、「くちばし」が完成しています。「これは強い、強い、強いぞ」と考えて、カラ売り200株をすべて決済して、買いをさらに200株増やし「0－5」の完全戦闘モードに入ります。

その際、「次の次」として想定しておきたいのは、頭上に控える300日線にぶつかって下げたら利益確定かな、ということ。でも、想定以上に株価の上昇の勢いは強く、300日線にぶつかってもさしたる抵抗はなく、さらに上昇が続きます。

図10−6・B **建玉の操作で利益を守り最大限伸ばす**

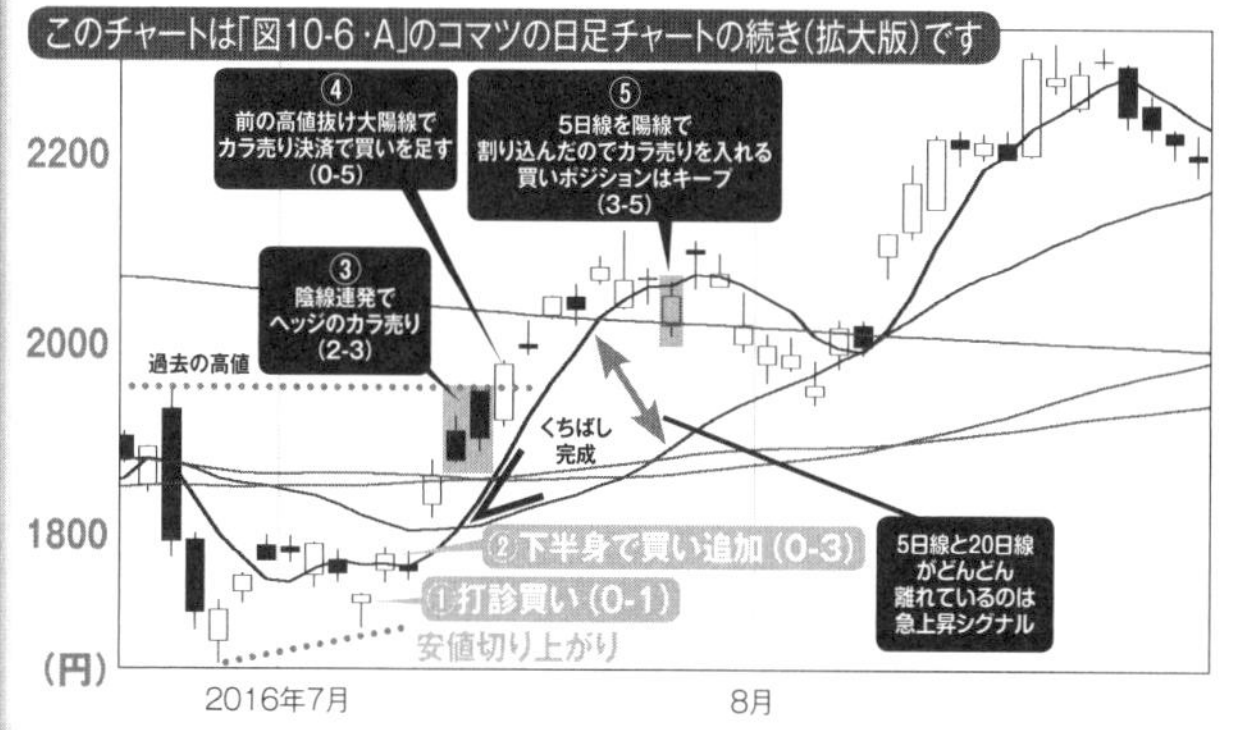

5日線と20日線の間隔もどんどん離れていて、株価の勢いが増している状況です。少なくとも5日線と20日線の間隔が狭まらないあいだは、買いポジションを継続保有して利益を最大限伸ばしたいところです。

しかし、❺で5日線を大きく下回るローソク足が出現しました。

陰線ではないため「逆下半身」ではありませんし、300日線がサポート役となって下げ止まっているのでそれほど弱い感じはしません。

とはいえ、一時的な下げ基調が濃厚なので、これまでに獲得した利益を守るためにカラ売りを300株入れて建玉を「3－5」にして、様子を見ます。

その後は陽線が連発しているものの、ずるずると終値ベースで下がっています。

ここで利益確定しない理由は、数日間ジリ安が続いているとはいえ、「株価の居所」が切り上がって、相当な期間、60日線、100日線の上を推移しているからです。

株価が移動平均線の上にいる期間が長くなればなるほど、移動平均線も上昇していきます。60日線と100日線も横ばいから完全に上向きに転じており、このまま行くと60日線が100日線を上抜けするはず。そうなると「株価＞5日線＞20日線＞60日線＞100日線」という上昇トレンドの並びが完成して、さらなる株価上昇が期待できそうです。「ああなったらこうなる」「こうなったらああなる」と、株価の状況から移動平均線の今後の動きを事前に逆算するのが相場式なのです。

その後、❻で「下半身」が出現したことで（図10－6・C）、この移動平均線の並び完成の可能性が高まったこともあり、ここでヘッジのカラ売り玉はすべて決済し、買いだけの「0－5」で次の上昇相場を狙います。
❻で下向きの5日線が20日線にぶつかっていますが、下に抜けずに再上昇に転じて、

図10−6·C **建玉の操作で利益を守り最大限伸ばす**

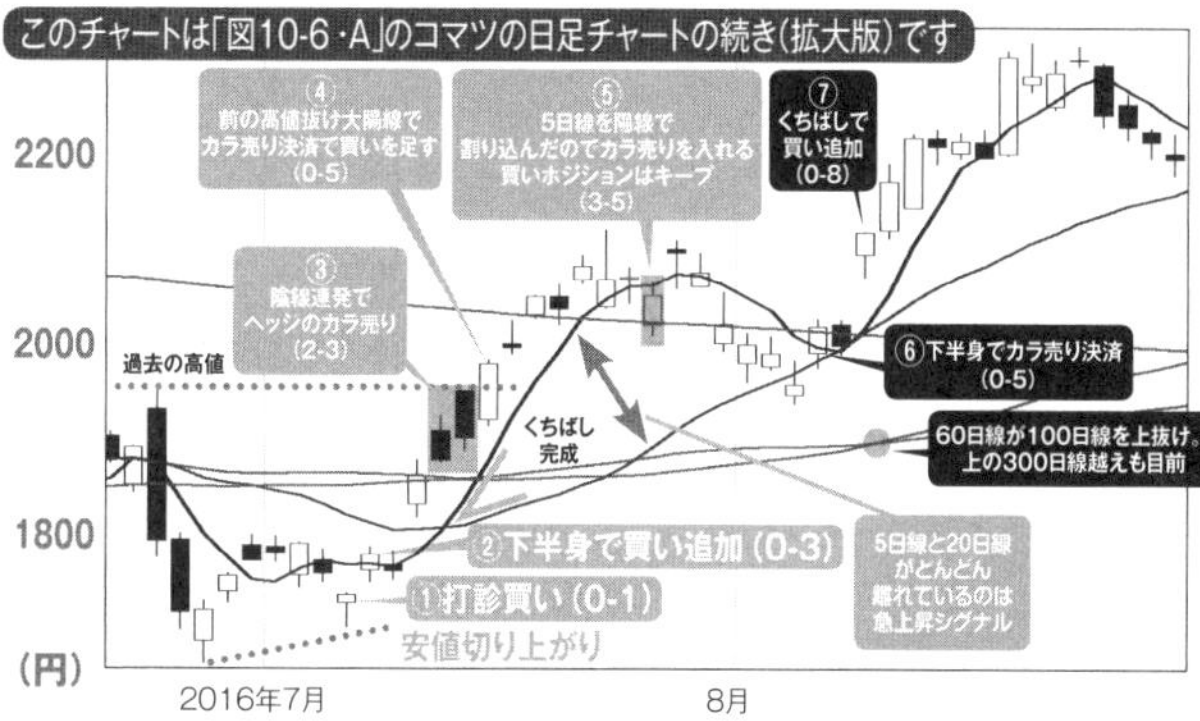

再び「くちばし」が完成しました！

くちばしが実際に完成した❼の陽線でさらに買いポジションを300株、増やし「0-8」にします。本格的な上昇トレンドを見越して大勝負に出たわけですが、それができるのもここまで売りポジションの両建てを駆使して、買いポジションで得た利益を守ってこられたから。いきなり、❼の陽線で800株の買いを新規発注することは絶対にできないでしょう。ここまで手探りしながら、買いを少しずつ増やして、利益を積み上げたからこそ、❼の陽線の時点で「0-8」という巨大な買いポジションを売りヘッジなしに持っ

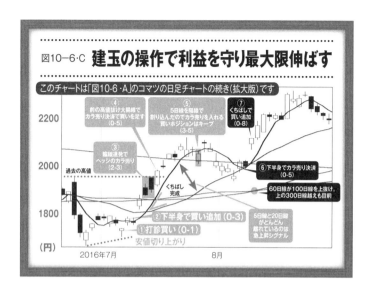

ていられるのです。

ここまでで、「建玉の操作」を駆使した相場流ショートトレードを〝ちょっとだけ〟紹介しました。買いだけ、売りだけのショットガン投資法で勝てるようになったら、次は「建玉の操作」にも挑戦を。

「僕は楽しみながら全力を尽くして練習している」とは、あるプロテニスプレイヤーの言葉ですが、私はこの言葉が大好きです。みなさんも、練習段階から株を楽しみ、実際の投資も笑顔でがんばっていただきたい。それこそが株職人として一生、利益を上げ続けるために一番必要なことだからです。

相場'sまとめ
まずは「下半身ショットガン」で経験値を高め、得意ワザを増やして、「建玉の操作」にも挑戦しましょう。

おわりに

スキーのジャンプで世界一に君臨する天才ジャンパー・高梨沙羅さんが2016年にスキーW杯で女王の座を奪回した際、〝基礎に立ち返って助走姿勢を改善した〟といいます。

「昨季は助走路の滑りが狂って個人総合三連覇を逃した。『課題が多すぎて何から手をつけていいのか頭の中がごちゃごちゃ』という中、春に助走姿勢の改善に乗り出した。振動する機器やパチンコ玉の上に板を乗せ、あえて不安定な助走姿勢を組む。（略）さらに『逃げたくなるほどつらい』という体幹トレーニングで土台が安定。助走速度をロスなく台に伝えることができ、飛距離が飛躍的に伸びた」（『日刊スポーツ』2016年2月20日付）

この記事にあるように、問題が多すぎてどうしていいかわからないときは、まず、どれかひとつ、これを解決しようという課題を見つけることです。

高梨さんの場合、それは「助走姿勢の改善」だったわけですが、株式投資でも、そのように課題をひとつひとつ潰していけば、どんどん取引がうまくなります。決して、「自分には株でお金儲けする才能なんてない」とか「自分の投資能力は本当に低い」と悲観しないでください。

重要なのは、そして勝利につながるのは、物事に取り組む姿勢なのです。

株式投資をする一番の理由は、確かに単純に「お金を儲けたい」ということになるのかもしれません。

でも、「好きこそモノの上手なれ」という言葉があるように、株の取引がうまくなって一流の株職人になるためには、やはり株のトレーディングが大好きになったほうがいいに決まっているのです。

現実の株式市場の値動きを見て、実際にお金をかけて、「この場面は買いなのか、売りなのか、どっちなんだ」と予想できることがうれしくてうれしくてたまらない。

そう思えるぐらい、株式投資を楽しみたいものです。

株式投資というと、どうしてもお金がからんでくるので、欲望やカネ勘定ですっかり心の中がすさんでしまったり、損をしてしまう不安や恐怖でげっそりやつれてしまう人も多いようです。

確かに株職人を目指す以上、お金を増やす技術に磨きをかけない限り、ときに残酷で、ときに冷酷な株式市場で生き残っていくことはできません。

でも、世の中、お金だけがすべてではないことも決して忘れないでください。

お金のことだけを考えて、お金のためだけに目の色を変えて、殺気だった気持ちで株式投資をしても、きっといい結果は得られないでしょう。

努力すれば報われる。誠実に一所懸命頑張れば、成功できる。

株式投資はまさにそんな世界だと、相場師朗は考えています。

「硬派であれ！　勤勉であれ！」

この本を読んで、練習と鍛錬を重ね、あなたが一人前の「株職人」になることを祈っています。

平成29年9月吉日　　株職人　相場師朗

東京オリンピックまで使える!

相場式・実戦練習用100銘柄

※232~237ページに掲載されている銘柄の株価は2017年9月5日現在のものです。

コード	銘柄名	株価	売買単位	業種
1605	**国際石油開発帝石**	1055.5円	100株	鉱業
1802	**大林組**	1280円	100株	建設業
1925	**大和ハウス工業**	3712円	100株	建設業
2229	**カルビー**	3715円	100株	食料品
2267	**ヤクルト本社**	7630円	100株	食料品
2331	**ALSOK**	4720円	100株	サービス業
2433	**博報堂DY HD**	1448円	100株	サービス業
3003	**ヒューリック**	1072円	100株	不動産業
3092	**スタートトゥデイ**	3265円	100株	小売業
3291	**飯田グループHD**	1842円	100株	不動産業

コード	銘柄名	株価	売買単位	業種
3405	**クラレ**	2037円	100株	化学
3407	**旭化成**	1276円	1000株	化学
3861	**王子HD**	567円	1000株	パルプ・紙
4005	**住友化学**	644円	1000株	化学
4042	**東ソー**	1247円	1000株	化学
4151	**協和発酵キリン**	1851円	100株	医薬品
4188	**三菱ケミカルHD**	1001円	100株	化学
4202	**ダイセル**	1344円	100株	化学
4217	**日立化成**	2898円	100株	化学
4307	**野村総合研究所**	4175円	100株	情報・通信業
4508	**田辺三菱製薬**	2615円	100株	医薬品
4536	**参天製薬**	1710円	100株	医薬品
4612	**日本ペイントHD**	3640円	100株	化学
4613	**関西ペイント**	2718円	100株	化学
4684	**オービック**	6690円	100株	情報・通信業
4689	**ヤフー**	498円	100株	情報・通信業
4704	**トレンドマイクロ**	5010円	100株	情報・通信業
4911	**資生堂**	4495円	100株	化学

コード	銘柄名	株価	売買単位	業種
4922	**コーセー**	1万3470円	100株	化学
5110	**住友ゴム工業**	1829円	100株	ゴム製品
5201	**旭硝子**	4190円	100株	ガラス・土石製品
5233	**太平洋セメント**	420円	1000株	ガラス・土石製品
5332	**TOTO**	4115円	100株	ガラス・土石製品
5333	**日本ガイシ**	2017円	100株	ガラス・土石製品
5401	**新日鐵住金**	2613円	100株	鉄鋼
5411	**ジェイ エフ イーHD**	2171円	100株	鉄鋼
5486	**日立金属**	1448円	100株	鉄鋼
5713	**住友金属鉱山**	1902.5円	1000株	非鉄金属
6201	**豊田自動織機**	5860円	100株	輸送用機器
6273	**SMC**	3万7110円	100株	機械
6301	**小松製作所**	2937.5円	100株	機械
6305	**日立建機**	3090円	100株	機械
6326	**クボタ**	1906円	100株	機械
6448	**ブラザー工業**	2505円	100株	電気機器
6471	**日本精工**	1310円	100株	機械
6473	**ジェイテクト**	1437円	100株	機械

コード	銘柄名	株価	売買単位	業種
6479	**ミネベアミツミ**	1757円	100株	電気機器
6501	**日立製作所**	736.6円	1000株	電気機器
6503	**三菱電機**	1632円	100株	電気機器
6506	**安川電機**	3255円	100株	電気機器
6645	**オムロン**	5430円	100株	電気機器
6702	**富士通**	780.6円	1000株	電気機器
6723	**ルネサス エレクトロニクス**	1081円	100株	電気機器
6724	**セイコーエプソン**	2757円	100株	電気機器
6752	**パナソニック**	1448.5円	100株	電気機器
6770	**アルプス電気**	2911円	100株	電気機器
6869	**シスメックス**	6780円	100株	電気機器
6902	**デンソー**	5256円	100株	輸送用機器
6923	**スタンレー電気**	3570円	100株	電気機器
6988	**日東電工**	9403円	100株	化学
7012	**川崎重工業**	337円	1000株	輸送用機器
7202	**いすゞ自動車**	1419円	100株	輸送用機器
7205	**日野自動車**	1284円	100株	輸送用機器
7269	**スズキ**	5587円	100株	輸送用機器

コード	銘柄名	株価	売買単位	業種
7270	**SUBARU**	3838円	100株	輸送用機器
7272	**ヤマハ発動機**	3080円	100株	輸送用機器
7459	**メディパルHD**	1906円	100株	卸売業
7701	**島津製作所**	2007円	100株	精密機器
7733	**オリンパス**	3805円	100株	精密機器
7751	**キヤノン**	3766円	100株	電気機器
7752	**リコー**	1073円	100株	電気機器
7832	**バンダイナムコHD**	3650円	100株	その他製品
7951	**ヤマハ**	3830円	100株	その他製品
7956	**ピジョン**	3870円	100株	その他製品
8015	**豊田通商**	3380円	100株	卸売業
8036	**日立 ハイテクノロジーズ**	3855円	100株	卸売業
8058	**三菱商事**	2520.5円	100株	卸売業
8113	**ユニ・チャーム**	2559円	100株	化学
8306	**三菱UFJ FG**	667.1円	100株	銀行業
8308	**りそなHD**	541.7円	100株	銀行業
8316	**三井住友FG**	4068円	100株	銀行業
8410	**セブン銀行**	411円	100株	銀行業

コード	銘柄名	株価	売買単位	業種
8593	**三菱UFJリース**	538円	100株	その他金融業
8604	**野村HD**	595.4円	100株	証券・商品先物取引業
8630	**SOMPO HD**	4261円	100株	保険業
8697	**日本取引所グループ**	1799円	100株	その他金融業
8729	**ソニーフィナンシャルHD**	1714円	100株	保険業
8750	**第一生命HD**	1747.5円	100株	保険業
8795	**T&D HD**	1490円	100株	保険業
8801	**三井不動産**	2326.5円	100株	不動産業
8802	**三菱地所**	1863.5円	100株	不動産業
9009	**京成電鉄**	2967円	100株	陸運業
9064	**ヤマトHD**	2256.5円	100株	陸運業
9201	**日本航空**	3727円	100株	空運業
9513	**J-POWER**	2861円	100株	電気・ガス業
9532	**大阪瓦斯**	425.4円	1000株	電気・ガス業
9602	**東宝**	4010円	100株	情報・通信業
9613	**NTTデータ**	1163円	100株	情報・通信業
9962	**ミスミグループ本社**	2705円	100株	卸売業
9989	**サンドラッグ**	4410円	100株	小売業

登録方法は3つ!

相場師朗のトレード情報が届く!

①「相場師朗のfacebook」に“友達登録”

プロトレーダー相場師朗 で検索してください

②「相場師朗のLINE」に“友達申請”

LINE ID @iwd9509u

QRコード

③メールを送って登録

このメールアドレスに空メールをお送りください

pl@kabu-juku.com

小文字の“エル”です

相場師朗（あいば・しろう）
株歴35年の「株職人」。現役プロトレーダー。
国内外の金融機関にてディーラー、
ファンドマネジャーとして勤務。
その後、個人投資家として
自分の売買手法を確立させ、セミリタイア。
現在は自己資金の運用をメインに、
トレード技術の講演活動で
国内外を飛び回る日々。
ラジオNIKKEI「相場師朗の株塾」パーソナリティ、
松本大学総合経営学部講師も務める。

一生モノの株のトリセツ

2017年10月19日　第1刷発行
2018年 3月 8日　第5刷発行

著者　相場師朗
発行人　蓮見清一
発行所　株式会社宝島社
〒102-8388　東京都千代田区一番町25番地
電話〔営業〕03-3234-4621　〔編集〕03-3239-0646
http://tkj.jp
印刷・製本　サンケイ総合印刷株式会社

Printed in Japan
ISBN978-4-8002-7606-3